AF340765

Le Cardinal PERRAUD

Évêque d'Autun,
Membre de l'Académie française.

LE

P. GRATRY

SA VIE ET SES ŒUVRES

Ignem veni mittere in terram et quid
volo, nisi ut accendatur.
(Luc, xii, 49).

QUATRIÈME ÉDITION

PARIS

ANCIENNE MAISON CHARLES DOUNIOL

P. TÉQUI, LIBRAIRE-ÉDITEUR
29, rue de Tournon, 29

1901

LE

P. GRATRY

SA VIE ET SES ŒUVRES

OUVRAGES DU R. P. GRATRY

Prêtre de l'Oratoire de l'Immaculée-Conception, Professeur de théologie
morale à la Sorbonne et membre de l'Académie française.

De la **Connaissance de Dieu**. 2 vol. in-12.   8   »

De la **Connaissance de l'Ame**. 2 vol. in-12.   7 50

Les Sophistes et la Critique. 1 vol. in-8°.   6   »

Lettres sur la Religion. 1 vol. in-8°.   6   »

— *Le même.* 1 vol. in-12.   3   »

Les Sources. Nouvelle édition. 1 vol. in-18.   2 50

Les Sources de la Régénération sociale. 1 vol. in-18.   1 50

La Philosophie du Credo. 1 vol. in-8°.   5   »

Petit Manuel de Critique. 1 vol. in-8°.   1 50

Etude sur la Sophistique. 1 vol. in-8°.   5   »

Souvenirs de ma jeunesse. Œuvres posthumes, l'enfance,
le collège, l'Ecole polytechnique, Strasbourg et le sacerdoce. — 1 volume in-18.   3   »

Méditations inédites. Œuvres posthumes. 1 vol. in-18. 3 »

Crise de la Foi, trois conférences philosophiques de Saint-
Etienne-du-Mont, 1863. 1 vol. in-18.   1 50

La Morale et la Foi de l'Histoire. 2 vol. in-8°.   12   »

— *Le même.* 2 vol. in-12.   7 50

Commentaire sur l'Evangile selon saint Matthieu.
Deuxième partie seule. 2 vol. in-8°.   8   »

Henri Perreyve, nouvelle édition, précédée d'une préface
par S. Em. le Cardinal PERRAUD, évêque d'Autun, membre de l'Académie française, et suivie d'une notice sur les
derniers jours de M. l'abbé Perreyve, par M. l'abbé E.
BERNARD, curé de Saint-Jacques-du-Haut-Pas. 1 vol.
in-12.   3   »

Mois de Marie de l'Immaculée-Conception. Nouvelle édition. 1 vol. in-18.   2 50

La Logique. 2 vol. in-8°   12   »

— *Le même.* 2 vol. in-12.   7 50

Une Etude sur la Sophistique contemporaine. 1 vol.
in-8°.

LE R, -P. GRATRY

LE CARDINAL PERRAUD

Évêque d'Autun,
Membre de l'Académie française.

LE P. GRATRY

SA VIE ET SES ŒUVRES

Ignem veni mittere in terram et quid
volo, nisi ut accendatur.

(LUC, XII, 49).

QUATRIÈME ÉDITION

PARIS

ANCIENNE MAISON CHARLES DOUNIOL

P. TÉQUI, LIBRAIRE-ÉDITEUR

29, rue de Tournon, 29

1901

LE

P. GRATRY

SA VIE ET SES ŒUVRES

PREMIÈRE PRÉFACE

Depuis bientôt vingt-quatre ans que le P. Gratry a disparu de ce monde (7 février 1872), on m'a souvent sollicité d'écrire sa vie. Je n'ai jamais pu m'y décider.

En même temps, et bien que je paraisse me contredire moi-même, j'ai toujours eu le désir de pouvoir faire sur lui et sur ses œuvres une étude d'ensemble, d'où, bien entendu, ne seraient pas exclues les grandes lignes de sa biographie, mais dans laquelle le récit des événements extérieurs ne tiendrait qu'une très petite place et s'effacerait presque devant l'exposition et l'appréciation des idées.

C'est ce travail que j'entreprends aujourd'hui.

J'y mets toute mon âme.

Je ne remercierai jamais assez Dieu du bien qu'il m'a fait par l'intermédiaire de cet homme, de ce prêtre, en qui je trouvais un guide, un père, un ami, l'année même où j'entrais à l'École Normale (1847). J'ai dit ailleurs — ou du moins j'ai indiqué — en quoi ce bien avait consisté. Il ne m'est pas possible de m'expliquer à fond sur ce sujet, parce qu'il me faudrait pour cela raconter en détails la genèse de ma vocation au sacerdoce, les obstacles dont j'eus à triompher pour répondre à l'appel d'en haut, les secours de premier ordre qui me vinrent en aide et dont le P. Gratry fut le providentiel et principal instrument. Quand j'ai écrit au mois de février 1872 le récit de sa mort, j'ai fait allusion à quelques-unes de ces choses. Le peu que j'en ai dit est loin d'avoir épuisé la source toujours jaillissante des bienfaisantes émotions dont mon cœur déborde quand j'évoque ces souvenirs si intimement mêlés à la substance même de tout mon être. Aussi ne manqué-je pas de payer tous les jours la dette de ma reconnaissance par l'action de grâces qui monte vers Dieu, et par la fidélité d'une prière qui ne se lasse pas de nommer en sa présence et de recommander à son infinie miséricorde cet insigne bienfaiteur de ma jeunesse.

Sous l'empire de ces sentiments, il m'arrivera plus d'une fois d'introduire dans cette étude des réminiscences personnelles et comme des fragments d'autobiographie. Je ne le ferai certes pas pour le vain plaisir de me mettre en scène et de produire « le haïssable moi ». Mais, durant vingt-cinq ans, ma vie a été si intimement mêlée à celle du P. Gratry, que j'ai cru n'être point obligé à séparer ce que Dieu avait très intimement uni. *Quod Deus conjunxit homo non separet.* En tout cas, j'implore d'avance à cet égard l'indulgence du lecteur.

Il me semble que j'aurai rempli le plan que je me suis tracé, si je réussis à montrer successivement dans le P. Gratry,

L'homme, inséparable du prêtre ;

Le philosophe ;

Le polémiste ;

L'apologiste et l'apôtre ;

Le précurseur ;

L'écrivain.

Avant de commencer, j'emprunte à S. Jérôme la protestation de sincérité qu'il mettait en tête des pages consacrées par lui à la mémoire de Sainte Paule. « Je le déclare » en présence de Jésus et de ses saints, je » n'emploierai pas le langage des compliments et de la flatterie : je parlerai comme » un témoin qui s'engage à ne dire que la » vérité [1]. »

1. *Testor Jesum et Sanctos ejus, me nihil in gratiam, nihil more blandientium loqui, sed quid dicturus sum pro testimonio dicere* (S. Hier., ep. 16 nº 2).

Autun, dimanche 27 octobre 1895.

SECONDE PRÉFACE

J'écrivais les lignes qui précèdent un mois avant le consistoire du 29 novembre 1895, dans lequel S. S. le pape Léon XIII publiait ma promotion à la dignité cardinalice, faite par lui, mais réservée *in petto*, le 16 janvier 1893.

Cet événement, les solennités de toute sorte auxquelles il donna lieu à Autun, dans le diocèse, à Paris, à Nevers, à Juilly, à Saint-Lô, et un peu plus tard à Rome ; des occupations et des missions extraordinaires dont j'eus à m'acquitter pendant les années qui suivirent interrompirent souvent le travail que j'avais entrepris au mois d'octobre 1895 et auquel je m'étais préparé, en relisant, la plume à la main, les vingt-deux volumes du P. Gratry.

Plus d'une fois, je dois l'avouer, ces intermittences forcées faillirent me décourager et me faire renoncer à mon projet. Cette année encore, la grave maladie que j'ai subie à la fin de l'hiver, à mon retour de Rome et de Carthage, et puis les fêtes de mon jubilé d'épiscopat au mois de juin, ont encore été la cause de nouveaux retards. Enfin, et en dépit de tant d'obstacles, je me suis remis au travail et je le termine un peu avant l'année 1900.

Autun, 27 décembre 1899, en la fête de S. Jean l'Evangéliste

CHAPITRE PREMIER

L'HOMME ET LE PRÊTRE

Dans un petit livre qui n'a vu le jour qu'après la mort de son auteur et qui a plus d'une analogie avec les *Confessions* de S. Augustin, le P. Gratry a raconté lui-même les trente premières années de sa vie [1].

Je voudrais voir entre les mains de tous les jeunes gens ce volume exquis dont la

1. *Souvenirs de ma jeunesse*, œuvre posthume. A partir de la seconde édition, j'ai joint à ces *Souvenirs* ce que j'a-vais écrit en 1872 sous ce titre : *Derniers jours et testament spirituel du P. Gratry*. (Chez Téqui, 29, rue de Tournon, Paris).

seule lecture suffirait à jeter dans leurs esprits les idées les plus fécondes, à exciter dans leurs cœurs de généreux enthousiasmes, à leur inspirer les plus viriles résolutions. Une biographie complète du P. Gratry devrait commencer par la reproduction intégrale de ces souvenirs. Je leur emprunterai seulement un certain nombre de traits et de couleurs qui m'aideront à peindre son portrait d'après nature.

1. — Perversion et conversion

Je viens de dire que cette autobiographie rappelle les *Confessions* de S. Augustin. Certes, il va de soi que je n'entends nullement mettre sur un pied d'égalité celui dont j'entreprends de parler et l'incomparable évêque et docteur à qui personne ne dispute la première place dans le chœur imposant des Pères de l'Eglise et que le plus compétent des juges, Bossuet, appelle excellemment « ce maître si intelligent, et, pour ainsi dire, si maître [1]. »

J'espère toutefois montrer qu'il n'y a rien de forcé ni d'inconvenant dans le rapprochement que je me permets de faire entre l'auteur des *Confessions* et celui des *Souvenirs de ma jeunesse*.

Ici et là, dans la seconde moitié du iv^o comme dans la première moitié du xixe siècle, je vois deux âmes ardentes, entraînées d'abord loin de la vérité et même passionnées pour l'erreur ; puis ramenées par une visible action de la grâce de Dieu à l'amour de la beauté morale, à la pratique de la justice et bientôt gagnées par les ardeurs de l'apostolat. Ecoutons les aveux du fils de Patrice et de Monique :

« Les neuf années qui s'écoulèrent entre
» la dix-neuvième et la vingt-huitième de
» mon âge, je les passai à infecter d'autres
» esprits de toutes les séductions auxquelles
» je continuais moi-même d'être livré. A la

1. Bossuet, *Défense de la Tradition et des Saints Pères,* partie I, l. IV, ch. 16.

» fois trompeur et trompé, je répandais se-
» crètement des dogmes empoisonnés [1]. »

On va voir jusqu'où le jeune professeur de Carthage portait cette ferveur d'irréligion. Un de ses amis, entraîné par lui vers les ténébreuses doctrines du manichéisme, était tombé dangereusement malade. Sa famille lui fit administrer le baptème. Augustin en fut informé et quand son jeune ami se trouva un peu mieux, il se mit à le railler de ce qu'il avait reçu le sacrement initial de la vie chrétienne.

A sa grande surprise, le convalescent lui témoigna son horreur d'un tel langage et lui intima très fermement l'injonction de n'y pas revenir, s'il voulait demeurer son ami [2].

Ecolier de seconde au collège de Tours, vers 1821, Alphonse Gratry se trouva dans la classe d'un professeur de vingt-quatre ans, décoré, qui, devant ses élèves, se moquait beaucoup d'Homère, de la Bible, du pape.

1. *Confessions*, l. IV, ch. 1.
2. *Confessions*, l. IV, ch. 4.

« Sur ce, tous les élèves de seconde perdi-
» rent la foi. On lisait les *Ruines* de Volney,
» les *Cultes* de Dupuy et la *Profession de foi*
» *du vicaire savoyard.* On disait : c'est bien
» démontré, tout est faux; mais y a-t-il un
» Dieu ? »

» Dès cette époque, je fus pris d'un grand
» zèle de propagande irréligieuse [1]. »

On sait par quel enchaînement de préve-
nances providentielles Augustin, venu à Milan pour y occuper une chaire de rhétorique
et, mis en relations avec S. Ambroise, fut
amené à briser les liens qui l'avaient longtemps retenu doublement captif des égarc-
ments de l'esprit [2] et des passions du cœur.
Elle est immortelle dans l'histoire de la littérature, la page dans laquelle le fils de Monique a décrit le drame poignant de ses luttes entre les habitudes coupables dont il
était l'esclave et les sollicitations de l'esprit

---

1. *Souvenirs*, pages 27 et 29.
2. D'abord le manichéisme dont il fut un adepte fervent,
puis le scepticisme des Académiciens qu'il devait un jour
combattre avec vigueur.

de Dieu, provoquées par les incessantes prières et les larmes de sa sainte mère. Enfin
une heure vint où l'action d'en haut demeura
victorieuse. On ne peut pas se lasser de relire
le récit du suprême combat d'où le jeune
professeur de rhétorique devait sortir tout
à la fois vaincu et victorieux. Cette scène
finale eut pour théâtre le jardin de la maison occupée à Milan par Augustin :

« Je m'en allai dans ce jardin où Alypius
» accourut aussitôt sur mes pas... Nous allâ-
» mes nous asseoir le plus loin possible de
» la maison. J'étais hors de moi, frémissant,
» m'indignant contre moi-même de ce que
» je tardais tant à m'unir à vous, alors que
» tous mes os me criaient que c'était vers
» vous qu'il fallait aller... Or, aller à vous,
» ce n'est pas autre chose que d'y vouloir
» aller ; mais le vouloir pleinement, forte-
» ment, et non pas en laissant flotter de côté
» et d'autre une volonté à demi-malade et
» languissante, dont la partie qui s'élève vers
» le ciel lutte contre l'autre qui retombe
» vers la terre.

» Alors une méditation profonde ayant tiré
» des plus secrets replis de mon âme et ex-
» posé à la vue de mon esprit toutes mes
» misères, je sentis en moi un violent orage
» qui provoqua une pluie abondante de lar-
» mes. »

Augustin, voulant être seul, s'éloigna
d'Alypius. C'est alors qu'il entendit partir
d'une maison voisine une voix d'enfant qui
chantait ces paroles : « prenez et lisez ».
Obéissant aussitôt à cette mystérieuse invitation, il ouvrit le recueil des écrits de S. Paul
et ses yeux tombèrent sur le passage de l'E-
pître aux Romains, où l'apôtre flétrit les vo-
luptés charnelles et ceux qui ont le malheur
d'en être les esclaves. Puis, tout d'un coup,
une lumière très douce se répandit dans son
âme avec une paix ineffable. Augustin, pour
toujours, était conquis à Jésus-Christ [1].

Le retour d'Alphonse Gratry à la foi de
son baptême et au Dieu de sa première Communion eut pour point de départ une série

1. *Confessions*, l. VIII, ch. 8 à 12.

de réflexions auxquelles il se livra un soir du mois d'octobre 1822, après la rentrée des classes, au moment où il allait commencer sa seconde année de rhétorique. Assis sur son lit dans le dortoir du collège, il vit se dérouler sous son regard toutes les phases ultérieures de sa vie, les succès de sa jeunesse et de son âge mûr, les joies intimes du foyer, unies à l'influence sociale ; puis la gloire des lettres, la réception à l'Académie française, etc., etc. Mais tandis que, dans l'imagination ravie de l'adolescent, cet édifice de bonheur s'élevait toujours plus haut et s'embellissait des plus riantes couleurs, une seule pensée fit évanouir tout d'un coup ce délicieux spectacle et mit le rêveur en face de l'austère, de l'inexorable réalité. Après cette succession ininterrompue de prospérités, il entrevit le moment où les êtres le plus aimés de lui, son père, sa mère, sa noble compagne, disparaîtraient de ce monde et l'y laisseraient seul.

« L'étincelant soleil qui, un instant avant, » dorait mon imagination, commençait à

» donner une tout autre lumière. Un large
» et noir nuage passait devant le soleil. Tout
» pâlissait et il fut inévitable de dire : Après
» tout cela, viendra un moment où je serai
» couché sur un lit et je m'y débattrai pour
» mourir, et je mourrai, et tout sera fini,...
» plus de soleil, plus d'hommes, plus de
» monde, plus rien !... Voilà donc la vie !
» Tous les hommes naissent et meurent
» ainsi. Depuis le commencement du monde
» jusqu'à la fin, il en sera ainsi ; les géné-
» rations se succèdent et passent vite ; cha-
» cune vit un instant et disparaît... c'est
» affreux.

» Alors, je voyais ces générations passer
» et disparaître, comme des troupeaux qui
» vont à la boucherie sans y penser ; comme
» les flots d'une rivière qui approche d'une
» cataracte où ils descendent tous à leur tour,
» mais pour rester sous terre et ne plus re-
» trouver le soleil...

» A cette vue, j'étais immobile, et comme
» cloué par l'étonnement et la terreur.

» Mais qu'est-ce que tout cela veut dire ?

1.

» m'écriai-je. Pourquoi ne cherche-t-on pas
» d'abord l'explication de tout cela? Per-
» sonne ne s'en inquiète; on passe sans s'in-
» former de rien; on vit comme des mou-
» cherons qui dansent et bourdonnent dans
» un rayon de soleil; à quoi servent donc ces
» apparitions d'un instant au milieu de ce
» fleuve qui passe ? Pourquoi passe-t-on ?
» Pourquoi est-on venu? A quoi bon? —
» J'étais désespéré. Je regardais toujours
» avec terreur l'abominable et insoluble
» énigme.

» Tout à coup, de cet insondable et mysté-
» rieux abîme partit un cri aigu, redoublé,
» déchirant, perçant, capable d'atteindre aux
» dernières limites de l'univers et de retentir
» au delà dans le vide... ou en Dieu, si l'u-
» nivers est enveloppé par Dieu.... O Dieu !
» ô Dieu ! criais-je; et je ne criais pas seul.
» Il y avait un autre en moi qui criait et don-
» nait à mon cri une irrésistible puissance.
» O Dieu ! ô Dieu ! Lumière ! Secours. Expli-
» quez-moi l'énigme... ô mon Dieu. Je le
» promets et je le jure, ô mon Dieu, faites-

» moi connaître la vérité, et j'y consacrerai
» ma vie entière [1]. »

Ce ne fut cependant pas sous l'impression immédiate de cette sorte de vision que le jeune incrédule rentra dans la vie de la foi.

Après les brillants succès de la province, il avait été envoyé à Paris, au Collège Henri IV. A la fin de sa philosophie, il obtint au concours général le second prix de dissertation latine et le premier prix de dissertation française [2]. C'est pendant cette année que Dieu lui ménagea la grâce d'une rencontre avec un jeune maître qui porta le dernier coup à son incrédulité en lui faisant

1. *Souvenirs*, pages 43-47.

2. Les deux dissertations couronnées ont été publiées dans les annales des concours généraux. Le sujet de la première était *De auctoritate sensus intimi et rationalis evidentiæ :* celui de la seconde : De l'association de nos idées et de son influence sur nos habitudes intellectuelles et morales. On donna au lauréat les œuvres complètes de Leibniz (la belle édition Dutens, Genève, 1768,) en six volumes, que le P. Gratry m'a légués avec tous les ouvrages de fonds de sa précieuse Bibliothèque. Au concours général de 1822, Alphonse Gratry, à la fin de sa première année de rhétorique, avait eu le second prix de discours latin et le deuxième accessit de version latine.

la confidence de la résolution qu'il avait prise de « consacrer sa vie au service de Jésus-Christ [1]. »

2. — L'Ecole polytechnique.

A peine Alphonse Gratry avait-il retrouvé la foi et repris les pratiques religieuses, abandonnées par lui depuis sa première communion, que la pensée de donner sa vie, lui aussi, pour la propagation et pour la défense de la vérité chrétienne, se présenta fortement à son âme et lui suggéra ce que l'on peut appeler sans exagération une résolution héroïque. Il voyait combien d'esprits « s'en- » fonçaient dans l'irréligion, l'athéisme, le » matérialisme, sous prétexte de physique, » d'anatomie et de mathématiques. » La lecture des *Soirées de Saint-Pétersbourg* du comte de Maistre lui fit « comprendre l'union

1. *Souvenirs*, pages 65-75.

» possible et nécessaire de la science et de
» la religion, et, tout aussitôt, il sentit une
» grande ardeur pour entrer dans cette voie
» et pour contribuer à la transformation in-
» tellectuelle de l'Europe [1]. »

Mais, si jusqu'alors il s'était distingué dans
ses études littéraires et y avait remporté de
brillants succès, il avait entièrement négligé
les sciences. « D'aucune d'elles, (c'est lui qui
» parle), je n'avais aucune teinture. Je ne sa-
» vais pas faire une multiplication : je ne
» savais pas la table de Pythagore; je n'avais
» jamais assisté à aucune leçon de mathé-
» matiques. — Or, j'avais dix-neuf ans et
» demi; on n'entre pas à l'Ecole après vingt
» ans; et il faut d'ordinaire, pour y être reçu,
» trois ans d'études [2]. »

Six semaines lui restaient avant la rentrée
des classes, pour se mettre en état de suivre
le cours de mathématiques spéciales. D'oser
seulement tenter une pareille aventure, c'é-
tait insensé. Ses camarades le traitaient de

1. *Souvenirs*, p. 92.
2. Ib. p. 94.

fou. Il laissa dire et se mit au travail, intérieurement soutenu par l'incroyable énergie que lui communiquait son désir, tout surnaturel et apostolique, « de n'entrer dans la » citadelle des sciences que pour y planter le » drapeau de la foi chrétienne [1]. »

Pendant les six semaines de vacances, après avoir commencé par les éléments de l'arithmétique et de la géométrie, il étudia tout ce qui compose le cours des mathématiques élémentaires et à la reprise des classes, il entra en spéciales. L'année révolue, le jour de l'examen étant arrivé, Alphonse, avant de s'y rendre, se mit à genoux et fit cette prière : « Seigneur, mon Dieu! c'est » pour vous que j'ai travaillé cette année; je » livre le reste à votre Providence. Si c'est » votre volonté que j'entre à cette Ecole, » vous me ferez recevoir, sinon, vous me » ferez refuser [2]. »

Il fut reçu [3].

1. *Souvenirs*, p. 93.
2. Ib. p. 114.
3. La lettre officielle de son admission lui fut adressée le 25 novembre 1825.

Son séjour à l'Ecole polytechnique fut d'abord très dur pour son âme et débuta par une épreuve de sécheresse, de jeûne intellectuel, de désolation intérieure. Cette application constante, presque exclusive, à des sciences tout abstraites était en contradiction absolue avec les chaudes facultés de son imagination et de son cœur. « Plus d'idées ! plus d'élan ! » plus de poésie, plus d'harmonie, plus de » musique, plus de couleur, plus de vie... la » vie devenait un dessin linéaire [1]. »

A cette souffrance, se joignait celle d'un isolement à peu près complet. Il avait autour de lui des camarades et des émules : il n'avait pas un seul ami.

Ce qui lui fut bien plus pénible encore, c'est que la lumière ardente de sa foi, qui avait si bien éclairé son chemin depuis sa conversion, semblait pâlir. Il faisait sombre et froid dans le ciel de son âme. Il ne trouvait ni appui, ni consolation auprès des hommes, parce qu'il s'était nettement séparé

[1]. *Souvenirs*, p. 115.

d'eux pour se retourner vers Dieu; et voici que Dieu lui-même semblait le dédaigner. C'était l'heure du « *Lamma Sabacthani.* »

Enfin, à ces tentations très douloureuses d'abandon, s'ajoutait parfois la tentation cruelle du doute, du désespoir. « Toute idée » du ciel m'était ôtée; je n'en pouvais rien » concevoir. Le ciel ne me paraissait pas va- » loir la peine qu'on y allât. Je n'y concevais » aucune joie, aucun bonheur... Je souffrais » en quelque sorte ce que l'on souffre en » enfer [1]. »

Heureusement, l'intrépide jeune homme qui avait déployé la plus étonnante énergie quand il s'était agi de se préparer à l'Ecole polytechnique n'eut garde de se laisser déconcerter au milieu de ces ténèbres et de cette tempête.

« J'étais, dit-il, comme un initié que l'on » reçoit d'abord par une fête magnifique et » par un splendide festin. Puis, viennent » trois jours de jeûne et de solitude dans les

____

1. Ib. p. 120.

» ténèbres d'un caveau. Tout à coup, une
» voix crie : Soyez fort, saisissez cet anneau
» de fer scellé dans le rocher et attachez-vous
» y, quoi qu'il arrive.

» Pour moi, l'anneau c'était la foi et la
» pratique des commandements de Dieu. Je
» m'y cramponnai avec force au milieu de
» terreurs morales que je ne saurais expri-
» mer. Presque sans voir et sans vouloir, je
» croyais avec ténacité. J'étais comme atta-
» ché à Dieu par je ne sais quel acte ou état
» de l'âme, ou racine de l'âme, plus profond
» que l'intelligence et que la volonté [1]. »

Communier tous les dimanches, lire, et
méditer en écrivant, l'Ecriture sainte et très
spécialement l'Evangile : tels furent les
moyens à l'aide desquels le polytechnicien
de première année traversa victorieusement
une épreuve qui devait être, pour lui, suivant la parole de S. Paul « l'enracinement
dans la foi et dans la charité [2] » et lui don-

1. Ib. p. 124.
2. Eph. III, 17.

ner le goût très vif de la parole de Dieu avec le besoin d'en communiquer aux autres la lumière et les inépuisables trésors.

En outre, cette souffrance aiguë, cette longue agonie, cette mort anticipée, avaient fait jaillir des profondeurs de cette âme de vingt ans des sources surabondantes de vie. Elles ne devaient plus cesser de couler à flots pressés et de produire tout autour de lui, jusqu'à la fin de sa carrière, une germination puissante et les plus riches moissons[1].

Avec le retour de la lumière, chassant devant elle la nuit épaisse et froide, l'espérance et l'amour rentraient, pour ne les plus quitter, dans ce cœur que Dieu préparait si visiblement à la sublime mission de l'apostolat. Une vision tout à la fois intellectuelle et cordiale qui ne le quitta plus et sur laquelle bien souvent il devait revenir, soit dans ses livres, soit dans ses discours, acheva de le remplir à tout jamais de courage et de surnaturelle allégresse au service des hommes,

_____

1. Ecclésiastique, xxiv, 41-46.

ses frères, et de faire de lui un infatigable
ouvrier de la paix évangélique. « Une cité
» dont tous les habitants s'aimaient » voilà
ce qui lui fut montré pour le consoler des
angoisses par lesquelles il avait été torturé
et placer sous le regard de son âme l'idéal
à la réalisation duquel il ne devait plus cesser de travailler.

« Oui, ce que Dieu me donnait, c'était une
» bienheureuse vision de paix. C'était l'in-
» telligence et comme la vue des biens que
» l'Eglise de Dieu, la nouvelle Jérusalem
» descendue du ciel sur la terre, pourrait
» répandre sur le monde, si les peuples lui
» obéissaient. Mon cœur et ma raison, mon
» imagination, je dirai presque mes yeux
» voyaient, sentaient, aimaient, compre-
» naient ce spectacle. Cette ville était devant
» moi comme vivante pendant des mois en-
» tiers. L'impression en fut encore très forte
» et très fréquente pendant bien des années;
» et, du reste, elle n'a cessé de faire comme
» le fond de ma vie, de mes idées et de mes
» sentiments. J'élève toujours mes regards

» vers cette bienheureuse ville pour compren-
» dre la vie, la mort, le monde, l'histoire,
» l'Eglise, l'avenir.

» Cette vision m'a rempli d'une joie in-
» domptable et d'une espérance inflexible.
» Malgré les plus cruelles épreuves, cette joie,
» cette espérance n'ont pas été vaincues[1]. »

« Par cette céleste et bienheureuse vision
» Dieu me rendit la vie, la santé, l'espérance,
» la joie, l'amour et me combla de tous les
» biens[2] ».

3. — La vocation sacerdotale.

A la fin de sa seconde année d'Ecole polytechnique Alphonse Gratry, au lieu d'entrer
dans un des services dont cette Ecole
ouvre l'accès, donna sa démission « sans
consulter personne » et persista dans sa ré-

1. *Souvenirs*, pages 142-143. Voir aussi la *Crise de la foi*,
3e conférence, pages 195-202.
2. Ib. p. 155.

solution, malgré sa famille, malgré ses amis, malgré les instances du gouverneur de l'Ecole.

« Il me fut, dit-il, cruellement douloureux
» d'avoir à contrister, presque à désespérer,
» mon père, ma mère et ma sœur. Mes pa-
» rents, sans aucune fortune, s'étaient épui-
» sés pour me donner jusqu'à vingt-deux
» ans, la plus complète éducation. J'avais
» entre les mains la carrière la plus recher-
» chée. Je rompais absolument tout mon
» avenir visible par un acte qui avait pres-
» que le caractère de la folie. Passer pour
» fou m'était indifférent, mais, contrister ceux
» que j'aimais était affreux [1]. »

Comment se passèrent pour lui les six mois qui suivirent cette détermination ?

Il crut qu'il devait à ses parents et se devait à lui-même de n'être plus une charge pour eux, qui avaient fait en vue de ses études tant de sacrifices rendus en apparence inutiles. Il déclara donc à son père que, non

1. *Souvenirs*, p. 158.

seulement, il ne lui demanderait plus rien, mais qu'en conscience, il ne pouvait plus rien recevoir de lui.

Il se retira d'abord dans une petite chambre d'hôtel garni avec quelques livres et, tant par pauvreté très effective que par mortification, il se soumit à la vie la plus sobre, la plus austère.

« Plein de joie d'avoir retrouvé la solitude,
» l'Ecriture sainte, la méditation libre, je
» ne sortais que pour aller voir quelques
» amis, afin de les ramener à Dieu. J'atten-
» dais d'ailleurs et cherchais à quoi il plai-
» rait à Dieu de m'employer. J'attendis ainsi
» six mois, priant beaucoup Dieu de m'é-
» clairer. Je passai surtout la semaine sainte
» dans ma chambre à prier dans une retraite
» sévère, ne mangeant que du riz cuit à
» l'eau, sans autre assaisonnement que du
» sel, sans autre boisson que de l'eau [1]. »

Il avait demandé à Dieu de lui montrer la voie. Comme S. Paul à Damas, il avait

1. *Souvenirs*, p. 160, 161.

dit avec foi à Celui qui est le maître des destinées humaines « Seigneur, que voulez-» vous que je fasse[1]? » Dieu ne pouvait rester insensible à une telle droiture de l'âme ni sourd à une prière dite avec tant de loyauté et d'intensité, répétée avec tant de persévérance. Ce fut vers ce temps qu'il reçut dans sa solitude la visite d'un prêtre vénérable qui lui raconta avec chaleur ce qui se passait à Strasbourg, et comment là, un professeur de l'Université, qui avait enseigné la philosophie avec un grand éclat, était entré dans les rangs du clergé, et avait formé une société de jeunes gens uniquement désireux de vivre et de travailler ensemble afin de se rendre plus capables de servir l'Eglise, de propager l'évangile, de défendre la religion, de l'accréditer et de faire des conquêtes pour elle.

Tout cela répondait de point en point aux aspirations de l'ex-polytechnicien. Sans retard, il partit pour Strasbourg, demanda et

---

1. Actes des apôtres, IX, 6.

obtint de l'abbé Bautain d'être agrégé à sa société naissante. Il y demeura douze ans (de 1829 à 1840), durant lesquels il fit ses études théologiques, reçut les saints ordres [1], et remplit les fonctions de l'enseignement dans le petit séminaire de Strasbourg que l'évêque, Mgr le Pappe de Trevern avait confié à l'abbé Bautain et à ses disciples.

Ce qu'était le groupe au milieu duquel Alphonse Gratry trouvait une place, les *Souvenirs* nous le disent :

« Rien n'était plus distingué que cette réu-
» nion. Ces jeunes hommes avaient tous re-
» noncé à un bel avenir : plusieurs étaient
» riches, ce qui est un obstacle presque ab-
» solu au dévouement complet de toute la
» vie et de toutes les forces, mais eux avaient
» vaincu même la richesse... tous étaient
» remplis d'esprit et d'instruction, et jamais

1. Voici les dates de ses ordinations : la tonsure et les ordres mineurs, dans la chapelle de l'Evêché de Strasbourg, le 17 décembre 1829 ; le sous-diaconat, le 18 décembre 1830 ; le diaconat, le 17 décembre 1831 et la prêtrise le 22 décembre 1832. (Ces trois ordres sacrés conférés dans la Cathédrale de Strasbourg).

» je n'ai rencontré ailleurs tant d'ardeur, ni
» pareille générosité. On s'était donné sans
» réserve, jusqu'à la mort et jusqu'au sang,
» pour la vérité et pour Dieu [1]. »

Pour ramener à la foi M. Bautain et lui
inspirer le désir de consacrer sa vie à la défense de la vérité catholique, Dieu s'était
servi d'une pieuse personne qui avait rempli
à Strasbourg, pendant les mauvais jours de
la révolution et de la terreur, une mission
extraordinaire.

Un vaillant prêtre, devenu depuis, et mort
évêque de Mayence, était resté à Strasbourg,
pour se dévouer au ministère des âmes; à la
faveur d'un déguisement il pénétrait auprès
des malades et les confessait. Mais, dans la
crainte d'être surpris et de voir une profa-
nation s'accomplir sur sa personne, il se faisait suivre dans ses visites apostoliques par
mademoiselle Humann, qui avait alors dix-
huit ou dix-neuf ans [2]. Elle portait sur elle,

---

1. *Souvenirs,* p. 165.

. 2. Elle était sœur de M. Humann qui fut ministre des
finances sous Louis-Philippe. C'est par l'intermédiaire de

renfermées dans une custode d'argent, les saintes hosties destinées à la communion des malades. Munie de ce divin fardeau, la jeune fille se rendait dans les maisons qui lui avaient été désignées et, c'était de ses mains virginales, comme cela se pratiquait dans la primitive Eglise, qu'elle déposait sur les lèvres des mourants le corps de Jésus-Christ. Après la révolution, et bien que possédant une fortune considérable, mademoiselle Humann avait refusé de se marier. Entre Jésus-Christ et ce cœur qui lui avait servi de tabernacle, une mystérieuse et indissoluble alliance s'était formée. Cette âme n'appartenait plus à la terre.

Les jeunes hommes qui s'étaient réunis autour de M. Bautain dans l'intention d'approfondir l'étude des lettres et des sciences et de les faire servir à la défense du christianisme, donnaient à mademoiselle Marie Humann le nom de mère. « Elle était pour » nous, dit l'auteur des *Souvenirs*, ce que

son frère qu'elle avait connu M. Bautain, ancien élève de l'Ecole normale et professeur de philosophie à Strasbourg.

» furent autrefois pour d'autres, sainte Ger-
» trude, sainte Brigitte, sainte Catherine de
» Sienne. C'était, comme ces grandes sain-
» tes, une mère des ouvriers de Dieu [1]. »

Dans l'influence qu'elle exerçait sur ces
intelligences d'élite et qui était acceptée avec
un respect religieux et une toute filiale affection, la mère ne redoutait qu'une chose :
c'était que « l'on n'agît trop pour lui plaire
» et pas assez simplement pour Dieu — et sa
» constante préoccupation était de les rendre
» capables de vivre, d'agir, de mourir pour
» Dieu seul. »

Voici la proposition qu'elle fit un jour au
jeune Gratry : « Je sais, lui dit-elle, votre ex-
» trême affection pour vos frères et pour
» moi ; mais je crains que notre union ne
» soit pour tous un but plutôt qu'un moyen.
» Je ne sais si vraiment vous aimez Dieu
» par dessus toutes choses, et si vous aurez
» la force de vivre et de travailler pour lui
» seul, sans tendresses humaines, comme
» aussi sans gloire humaine.

1. *Souvenirs*, p. 167.

» Ici, votre cœur est heureux, et par vos
» travaux vous pouvez espérer quelque ré-
» putation parmi les hommes. Auriez-vous
» la force de sacrifier tout cela, si c'était la
» volonté de Dieu? Or, je pense parfois que
» votre vocation est de mener une vie très
» humble, très cachée en présence de Dieu
» seul. Peut-être êtes-vous appelé à vivre
» d'une vie tout intérieure, à ne jamais rien
» écrire, à sacrifier toute votre science et
» tous vos goûts philosophiques, à ne jamais
» parler de Dieu qu'à de pauvres gens de la
» campagne. Par exemple, vous avez vu à
» l'entrée des Vosges le pauvre couvent des
» Rédemptoristes au Bischenberg. Aimez-
» vous assez Dieu pour vivre et mourir là,
» si Dieu le veut? Je vous demande d'y pen-
» ser. Je crois que cette vie serait bonne,
» que le sacrifice serait grand et agréable à
» Dieu... Il faut essayer [1]. »

Alphonse se retira pour réfléchir à cette
proposition aussi terrible qu'inattendue. Il

1. *Souvenirs*, p. 108 et 109.

lui semblait qu'on lui demandait de mourir. Il pria et presque aussitôt se tint à lui-même ce bref et décisif discours. « Si j'étais
» devenu officier d'artillerie au sortir de l'E-
» cole polytechnique, ne me serais-je pas
» trouvé quelque jour engagé dans une ba-
» taille où il aurait fallu, sauf contre-ordre,
» me faire tuer sur mes pièces? Et je n'aurais
» pas le courage d'accepter pour Jésus-Christ
» de mourir à mes espérances et à mes
» goûts? »

Quelques jours après, il se présentait et était admis comme postulant au couvent du Bischenberg.

Il a laissé sur le séjour qu'il y fit d'inté-ressants et édifiants détails :

« Jamais de ma vie, je n'ai été si heureux
» que pendant ce séjour au Bischenberg.
» Tout au dehors, y était rude, pauvre, sté-
» rile en apparence; mais je vivais d'une vie
» intérieure véritable.... Une fois, dans un
» rêve, il me sembla qu'un ange me disait
» d'une voix pénétrante ces mots : *renonce-*
» *ment complet.* Et cette voix dont je me

» rappelle encore l'effet, répétait ce mot, et
» dans son ton et son accent, était exprimée
» toute la profondeur du sens mystique de
» ces mots : renoncement complet! C'était
» un sens terrible; c'était la pleine accepta-
» tion de la mort; mais d'une mort, il est
» vrai, pleine de promesses et d'avenir, d'une
» mort, qui est la mort de la mort et le com-
» mencement d'une vie pleine. Je fus mis en
» demeure d'accepter cette mort. Je l'ac-
» ceptai [1] ».

4. — Le collège Stanislas.

Après la dispersion du groupe de l'abbé
Bautain, amenée par des causes que je n'ai
point à raconter, l'abbé Gratry fut appelé à

1. *Souvenirs*, pages 171 et 172. Quelques mois après, la
révolution de 1830 obligeait les Rédemptoristes du Bischenberg à se disperser, Alphonse Gratry retourna à Strasbourg
et pendant dix ans il y fut employé aux fonctions de l'enseignement.

Paris, où on lui confia la direction du collège Stanislas. Il y succédait au vénérable abbé Buquet, mort peu de temps avant lui vicaire général de Paris et évêque titulaire de Pavium et demeura sept ans à la tête de cet établissement, 1840-1846.

Après avoir débarrassé la maison d'un certain nombre d'élèves dangereux ou à tout le moins suspects, un de ses premiers soins fut de recruter un personnel de professeurs qui fissent honneur aux lettres et aux sciences en même temps que par leur vie, conforme aux principes de leur foi, ils seraient pour les élèves du collège le plus persuasif des enseignements. Il eut ainsi comme collaborateurs en philosophie, M. Charles Jourdain ; en rhétorique, M. Frédéric Ozanam ; en seconde, M. Pitard ; en histoire, M. Verdière [1] ; en physique, M. Charles Desains, devenu depuis professeur à la Sorbonne, enfin en mathématiques, l'astronome Leverrier.

Sous de tels maîtres, dirigés, encouragés,

1. Ces deux derniers, anciens élèves de l'Ecole normale supérieure, sont morts Jésuites.

stimulés par le nouveau Directeur, une incroyable émulation pour le travail s'empara des élèves et l'on s'en aperçut bientôt dans les luttes du concours général entre les collèges de Paris [1].

Mais l'abbé Gratry avait un bien autre souci et une plus haute ambition que de ramener la victoire des combats scolaires sous le drapeau de Stanislas. Dès le commencement il sut faire comprendre et accepter à tous, maîtres et élèves, que le but véritable de l'éducation, c'était d'élever les âmes, de former des hommes et des chrétiens armés de solides convictions, de les rendre capables de servir utilement leur pays, et en toutes choses de faire honneur à leur foi. Aussi, ne craignait-il pas d'ouvrir devant ses jeunes auditeurs les plus vastes horizons et de leur montrer sous leurs plus grands as-

---

1. Dans le concours de 1845 le prix d'honneur de philosophie fut remporté par l'élève Caro, devenu plus tard professeur de philosophie à la Sorbonne et membre de l'Académie française. C'est à cette occasion que le Directeur du collège fut nommé chevalier de la Légion d'honneur.

pects la fonction et le labeur de la vie. Parmi eux, quelques-uns sans doute commencèrent par être étonnés, quand ils entendaient dire à des écoliers (et avec quel accent de conviction), qu'ils devaient se prépa.er « à sauver le monde. » Mais, bien vite, ils se familiarisèrent avec des exhortations qui éveillaient en eux les plus nobles sentiments et les soulevaient au-dessus des conceptions mesquines et banales de l'emploi de l'existence. A cette action d'ensemble qui s'exerçait par ses prédications à la chapelle, sur tout le personnel du collège, l'abbé Gratry en joignit une autre, spécialement réservée à quelques-uns des plus grands, à ceux qui arrivaient à l'âge où le jeune homme se demande dans quelle carrière il s'engagera, c'est-à-dire de quelle façon il répondra aux desseins de Dieu sur lui. Il fit, en philosophie et en rhétorique, une sélection d'élèves qu'il enleva à la salle commune d'étude pour les installer dans une chambre commode et aérée, voisine de son cabinet. Là, ces jeunes gens préludaient à leur métier d'hommes en travaillant sans être surveillés par aucun maître, et sous la seule garde de leur conscience et de leur honneur.

En outre, deux ou trois fois par mois, le dimanche soir, le Directeur du collège les réunissait à sa table dans des agapes de famille. Après le repas, tout à la fois frugal et délicatement servi, on restait à causer jusqu'à ce que la cloche sonnât l'heure du coucher. Les sujets de conversation étaient invariablement les mêmes : les besoins de l'Eglise et des âmes, le travail à faire par la plume et par la parole pour « sauver le monde » et établir parmi les hommes le règne de la vérité, de la justice, de la charité.

L'ancien élève de Stanislas qui me communique ces renseignements ajoute que, plus d'une fois, à la suite de ces entretiens, il avait l'âme tellement pénétrée, le cœur si ému que le sommeil avait grande peine à venir. « Jamais, m'écrivait-il, parole hu-
» maine n'avait produit sur moi d'aussi pro-
» fondes et salutaires impressions [1]. »

____

1 Je tiens tous ces détails de mon cher confrère de l'O-

Si l'éducation consiste, suivant son sens le plus étymologique et le plus vrai, à *élever* les hommes, à les faire sortir des petitesses de l'égoïsme et des vulgaires ambitions pour leur faire concevoir la plus haute idée du don de la vie et leur apprendre à en tirer le meilleur parti possible, l'abbé Gratry fut à Stanislas un éducateur parfait.

5. — L'aumônerie de l'Ecole Normale.

En 1846, l'Ecole Normale supérieure qui, depuis son institution, occupait rue Saint-Jacques une partie des bâtiments du collège Louis-le-Grand, fut transférée rue d'Ulm dans

ratoire et ami le P. Louis Lescœur, qui fit presque toutes ses études au collège Stanislas, sous la direction de l'abbé Gratry. Il y avait pour condisciples MM. Caro, Nourrisson (devenu membre de l'Académie des Sciences morales et politiques); et un peu plus tard Foucher de Careil, éditeur des lettres de Leibniz, Albert de Bricy, mort évêque de Saint-Dié, Francisque de Sugny, qui remporta le 1er prix de discours français au concours général.

un vaste établissement, construit spécialement pour elle. On y avait ménagé une
chapelle. Il fallait la pourvoir d'un aumônier.
Le candidat choisi par Mgr Affre, archevêque de Paris, fut l'abbé Gratry, qui occupa
ce poste très important pendant cinq années,
de 1846 à 1851. Il en remplissait les fonctions
depuis un an déjà lorsque j'entrai moi-même
à l'Ecole au mois d'octobre 1847 et nouai
presque aussitôt avec lui des relations qui
devaient avoir sur toute la suite de mes destinées les conséquences les plus décisives.

Ce que fut l'apostolat de l'abbé Gratry à
l'Ecole Normale, je l'ai dit ailleurs; et je ne
puis que me citer [1]. Après plus d'un demi-
siècle, mes souvenirs n'ont rien perdu de
leur vivacité. Je puis dire que je m'en nour-
ris continuellement et que, suivant une parole d'Isaïe, ils donnent à mon âme « ce fes-
» tin succulent où le Seigneur lui-même
» sert à ses convives la moelle des aliments
» les plus nutritifs, en y joignant les vins les

---

1. *Les derniers jours et le testament spirituel du P. Gratry.*

» plus généreux [1]. » Une fois de plus j'en vais faire la douce expérience, en transcrivant ici quelques pages empruntées à ma notice nécrologique du mois de février 1872 :

« Sans avoir encore rien écrit pour le public,
» l'abbé Gratry jouissait d'une grande auto-
» rité sur le personnel de l'Ecole Normale.
» Maîtres et élèves, tous sentaient en lui un
» homme supérieur, admirablement préparé
» à remplir le ministère délicat que lui avait
» confié Mgr Affre. En effet, si exigeant
» qu'on pût être en fait d'érudition scienti-
» fique, il fallait compter avec cet ancien
» élève de l'Ecole polytechnique, auquel
» étaient familiers les plus hauts problèmes
» des mathématiques et de l'astronomie et
» qui allait souvent s'en entretenir avec
» ses illustres amis, Ampère et Cauchy. Si
» versé qu'on fût dans les lettres et dans la
» philosophie ancienne, on s'apercevait bien
» vite que l'aumônier de l'école connaissait
» Aristote et Platon aussi bien que S. Au-

1. Faciet Dominus in monte hoc convivium pinguium, convivium vindemiæ, pinguium medullatorum. (Is. xxv. 6.)

» gustin et S. Thomas, et les classiques de la
» Grèce et de Rome à l'égal de nos grands
» auteurs du dix-septième siècle. Par dessus
» tout, il avait le droit de parler à un audi-
» toire difficile le langage le plus propre à
» concilier aux idées chrétiennes le respect
» et l'estime de ceux qui n'avaient pas encore
» le bonheur de les partager. Ce sont ces
» conférences du P. Gratry à la chapelle de
» l'Ecole normale qui, en me révélant son
» àme, m'attirèrent à lui. Sa parole simple,
» forte, vibrante, toute nourrie de la sub-
» stance de l'évangile, pleine à la fois de
» science et de poésie, d'enthousiasme et de
» raison, éloquente sans phrases, belle de
» forme comme l'antique, conciliait admira-
» blement avec les dogmes immuables les
» idées et les aspirations, qui s'approprient
» aux besoins de chaque siècle et qui ont
» rendu l'Eglise apte à instruire, à guérir et
» à sauver tous les temps. C'était bien l'apô-
» tre qui suivant la parabole évangélique,
» savait faire sortir de son âme, pour enri-
» chir les autres âmes, les trésors anciens et

» les trésors nouveaux (S. Matth. xiii, 52) [1].

» J'avais entendu auparavant de grands
» orateurs et j'avais senti plus d'une fois le
» glaive de leur éloquence aller, comme dit
» S. Paul, jusqu'à la moelle de l'âme. Je
» dois dire cependant que cette parole du
» P. Gratry, qui n'était qu'une conversation
» sur les choses de Dieu, me pénétrait et me
» remuait davantage. Vis-à-vis de lui, il n'y
» avait point à se mettre en garde contre
» les artifices de la rhétorique : il les igno-
» rait ou les dédaignait, et précisément à
» cause de cela, il atteignait très sûrement

1. J'ai trouvé récemment dans les papiers du P. Gratry
une lettre que lui écrivait M. Vacherot directeur de l'Ecole,
qui était venu pour entendre une de ses instructions à la
chapelle. J'en extrais les lignes suivantes. « Je voudrais
» vous exprimer ma vive sympathie pour votre excellente
» leçon d'hier. J'ai tout lieu de croire (quoique je n'aie vu
» personne et n'aie reçu aucune communication des élèves)
» qu'ils goûteront ces enseignements et ce langage. Je les
» plaindrais et je plaindrais l'école s'il en devait être au-
» trement. Quiconque ne comprend et n'aime pas de pareil-
» les leçons est incapable de moralité et de philosophie
» aussi bien que de religion. Les esprits légers et les âmes
» grossières, s'il s'en trouve à l'Ecole, y seront toujours de
» rares exceptions » (10 mai 1847).

» le fond des cœurs où sa parole laissait
» après elle je ne sais quel inexprimable mal-
» aise, mêlé aux plus fortes émotions, un
» profond dégoût de tout ce que la vie pré-
» sente a de vulgaire et d'incomplet, avec le
» besoin de contempler de plus près, et de
» posséder plus intimement Celui qui est à
» la fois la souveraine vérité, la beauté
» idéale et le souverain bien » [1].

Après la révolution de février 1848, les exercices religieux de l'Ecole, à savoir les prières du matin et du soir et l'assistance à la messe du dimanche, d'obligatoires qu'ils étaient, devinrent facultatifs.

Les catholiques de l'Ecole estimèrent avoir beaucoup gagné à ce changement de régime. La délicatesse de notre foi souffrait de la manière dont cette partie de nos anciens règlements était observée. De la part d'un certain nombre de nos camarades qui avaient le malheur de n'être pas chrétiens, c'était un formalisme de pure routine où la vraie re-

1. *Les derniers jours et le testament spirituel du P. Gratry,* (4e édition des *Souvenirs de jeunesse,* pages 200 à 204).

ligion n'avait rien à voir; aussi avions-nous salué avec l'enthousiasme de nos vingt ans le jour où nous n'étions plus justiciables qu'envers nos consciences d'obligations auxquelles d'autres, tout près de nous, ne donnaient qu'une obéissance passive et purement extérieure. Plus de ces prières faites debout, hâtivement, dans la salle d'études, récitées à haute voix, à tour de rôle, c'est-à-dire souvent par des condisciples que nous savions n'avoir plus la foi.

Abolie également cette assistance obligatoire à la messe groupant autour de l'autel bon nombre d'incrédules, lesquels ne se gênaient pas pour se plaindre de ce qu'ils appelaient « une demi-heure perdue ».

C'est sous ce régime de liberté absolue que j'ai vu pendant deux ans et demi l'abbé Gratry attirer à la Chapelle la très grande majorité des élèves de l'Ecole. Il ne prenait la parole que lorsqu'il avait achevé la célébration du saint sacrifice. Les mêmes qui faisaient ouvertement profession de n'être plus catholiques en manquant au devoir d'entendre la messe, accouraient en rangs pressés pour ne rien perdre des conférences dogmatiques et des homélies sur l'Evangile prêchées par l'aumônier. Il était écouté dans un profond silence, avec une attention très sympathique et souvent, les sujets qu'il avait traités dans ses instructions du dimanche étaient repris entre nous; ils servaient de matière à ces discussions philosophiques, religieuses, sociales qui se mêlaient si fréquemment alors à nos études littéraires ou scientifiques et préparaient à leur insu quelques-uns d'entre nous à devenir plus tard des serviteurs et des champions de la grande cause pour laquelle ils avaient presque chaque jour à lutter.

« Si l'attaque était vive, (disais-je en 1866,
» dans une notice consacrée à un de nos
» camarades, mort missionnaire en Chine),
» la défense ne l'était pas moins. Les catho-
» liques n'avaient pas l'avantage du nombre.
» Ils sentirent le besoin de se rapprocher et
» de se concerter pour défendre le plus ho-
» norablement possible le drapeau commun.

» Nous examinions ensemble les objections
» qui présentaient le plus de difficultés.
» Pour les résoudre, nous cherchions des
» textes dans la Bible et dans les Pères, des
» arguments dans les philosophes et les
» théologiens. Quand notre inexpérience se
» trouvait trop embarrassée, nous recourions
» à notre cher aumônier, l'abbé Gratry, déjà
» la lumière et la force de tous les jeunes
» gens qui voulaient concilier la science
» avec la foi et marcher avec leur siècle en
» demeurant humblement soumis à l'Eglise
» de tous les siècles ».

« Je vois encore d'ici cette grande chambre
» du palais du Luxembourg où l'abbé Gratry,
» chargé du service de l'ancienne Chapelle
» de la chambre des Pairs en même temps
» que de l'aumônerie de l'Ecole, nous rece-
» vait habituellement le jeudi...

» Nous lui faisions part de nos luttes ; nous
» lui soumettions les difficultés dont notre
» ignorance théologique nous rendait inca-
» pables de triompher seuls ; nous deman-
» dions ses conseils pour les lectures qu'il

» était opportun de faire. Bref, il était vrai-
» ment le général de ce petit bataillon de
» catholiques, appelé à descendre tous les
» jours sur le terrain des discussions reli-
» gieuses, attaqué souvent de tous les côtés
» à la fois, obligé de faire front de toutes
» parts et de se multiplier pour suffire à
» tout [1].

» L'abbé Gratry ne demandait pas mieux
» que de nous seconder dans une entreprise
» qui répondait si bien à ses aptitudes d'a-
» pologiste et à son zèle d'apôtre. Habitués
» par nos travaux de l'Ecole à aller toujours
» droit aux textes originaux et aux sources,
» nous n'avions qu'à être guidés par un
» théologien pour apprendre la tactique de
» cette sorte de guerre sacrée. Avec quelle
» ardeur on étudiait ces questions! Quelle
» joie, quand un de nous avait trouvé dans
» l'Ecriture et dans les Pères quelque ré-
» ponse victorieuse à la difficulté soulevée
» la veille! Archimède n'aurait pas dit avec

---

1. *Notice biographique sur l'abbé Cambier* (1866), p. **8.**

« un enthousiasme plus sincère son fameux
» εὕρηκα, quand nous avions mis la main sur
» ce texte décisif dont on nous avait contesté
» l'existence, et notre cher aumônier n'était
» le dernier ni à être informé de nos décou-
» vertes, ni à nous apprendre le secret d'en
» tirer parti [1]. »

Peut-être m'attardé-je trop à ces débuts
de mes relations avec l'abbé Gratry, pendant
mes trois années d'école. Mais outre qu'elles
ont fait sur moi une de ces impressions qui
ne s'effacent jamais, elles me paraissent de
nature à très bien mettre en relief, pour
ceux qui n'ont pas connu celui dont je parle,
les traits les plus saillants de sa physionomie,
les qualités maîtresses de son âme, avec les
talents qu'il avait reçus en partage et la
puissante action qu'il devait exercer sur les
idées et sur les hommes de son temps.

Pour moi, le P. Gratry, apologiste et apôtre, polémiste, orateur, écrivain, est déjà
tout entier dans cette période de sa vie,

---

1. *Souvenirs de jeunesse,* p. 207-208.

3.

chronologiquement la plus courte (1847-1851), mais non certes la moins décisive et la moins féconde.

Son ministère comme aumônier de l'Ecole normale prit fin en 1851, non pas à la suite, mais à l'occasion de sa polémique avec M. Vacherot, relativement au troisième volume de l'histoire de l'Ecole d'Alexandrie que celui-ci venait de publier.

En plusieurs circonstances, des écrivains que je dois croire avoir été mal informés, ont fait de cette polémique des récits en partie inexacts et parfois très désobligeants pour l'aumônier de l'Ecole.

Bien que j'aie déjà répondu à quelques-uns d'entre eux, je trouve ici l'occasion toute naturelle de revenir sur ce débat, ce qui me permettra de venger la mémoire et l'honneur de l'abbé Gratry.

Dans les récits auxquels je fais allusion, M. Vacherot a été représenté comme la victime d'un complot clérical ourdi par l'aumônier avec la connivence et l'appui d'un gouvernement réactionnaire, frappant, en la

personne du Directeur de l'Ecole un courageux champion de la liberté de penser.

Sans aller jusque-là, d'autres publicistes
ont dit que l'abbé Gratry, jaloux de l'ascendant intellectuel et moral pris par M. Vacherot sur les élèves de l'Ecole, n'avait trouvé
d'autre moyen de se débarrasser d'un rival
dont la supériorité notoire lui était insup-
portable qu'en travaillant sous main à le
faire destituer [1].

En regard de cet odieux roman, lje vais
mettre l'histoire véridique d'un incident qui
causa tant d'émotion à l'Ecole et dans l'Université[2]. J'ai entre les mains, pour la raconter, les documents les plus authentiques, je
veux dire les lettres à moi adressées par deux
de mes intimes amis, Alfred Heinrich et Désiré Cambier, qui faisaient alors leur troi-

1. *Revue de Paris*, du 1er mars 1894, article de M. Ga-
briel Monod, p. 171.

2. Il a été longuement exposé dans deux articles de la
Revue du clergé français (mars et mai 1833) auxquels j'aurais pu simplement renvoyer le lecteur. Mais sur quelques
points, je ne suis pas en complet accord avec l'auteur, le
R. P. Chauvin, de l'Oratoire.

sième année et me tenaient fort exactement au courant de ce qui se passait à l'Ecole, que j'avais quittée au mois de septembre 1850 après mon agrégation, pour aller occuper la chaire d'histoire au Lycée d'Angers [1].

En 1844, l'Académie des sciences morales avait mis au concours l'histoire de l'Ecole d'Alexandrie. M. Vacherot, directeur des Etudes depuis 1838, présenta un mémoire, qui fut couronné et qu'il reprit aussitôt pour le développer et en faire un livre dont les deux premiers volumes parurent en 1846. C'est à propos du troisième volume publié au printemps de 1851, qu'éclata le conflit entre l'auteur et l'abbé Gratry.

1. Désiré Cambier, devenu prêtre comme moi, fit partie pendant huit ans de la Congrégation renaissante de l'Oratoire ; entra en 1860 au Séminaire des missions étrangères, il partit au mois de mars 1862 pour la Chine où il mourut de la dysenterie le 12 juin 1866.

Alfred Heinrich, devenu successivement professeur de Littérature étrangère à la Faculté des lettres de Lyon et doyen de cette faculté, est mort à Lyon le 10 mai 1887. Tous deux appartenaient à la promotion de 1848, (entrée à l'Ecole un an après la mienne) et y avaient eu pour condisciples Edmond About, Taine, Sarcey.

Au nombre des thèses contenues dans ce volume se trouvait une explication du dogme chrétien qui en faisait un pur travail de la raison humaine et mettait sur un pied d'égalité la religion issue de l'Evangile et les systèmes enseignés par les philosophes de la Grèce ou par les néoplatoniciens d'Alexandrie.

Aidé dans les recherches et confrontations de textes par quelques-uns des élèves catholiques de l'Ecole, l'abbé Gratry composa sous forme de Lettre à M. Vacherot, une réfutation de ce troisième volume. Non seulement, il eut soin d'avertir de son projet l'honorable directeur de l'Ecole ; mais, par un procédé dont il y a, je crois, peu d'exemples dans l'histoire des polémiques humaines, il lui offrit de lui remettre son travail avant de l'envoyer à l'imprimerie. Si M. Vacherot avait accepté de le lire, l'abbé Gratry comptait lui adresser une proposition qu'il qualifie lui-même « d'audacieuse ». Il aurait pris l'engagement de ne pas publier cette réfutation si, après examen, M. Vacherot reconnaissant s'être trompé avait consenti à retirer son livre.

M. Vacherot refusa de prendre connaissance du manuscrit. Toutefois, ayant reconnu qu'il avait traduit à faux un texte important de S. Jean Damascène dont il s'était autorisé pour attribuer à l'hellénisme la distinction des hypostases au sein de l'unité divine, il n'hésita pas à faire reprendre tous les exemplaires qui restaient en magasin et à supprimer la page où cette erreur était contenue.

Entre les deux adversaires, on peut donc l'affirmer, il y eut un véritable assaut des procédés les plus loyaux et les plus délicats. Ce n'est pas tout. Avant de publier sous ce titre *La Sophistique contemporaine* sa discussion des thèses soutenues par M. Vacherot, l'abbé Gratry donna sa démission d'aumônier de l'Ecole. Il n'était pas possible de prouver d'une façon plus éclatante que s'il avait combattu les théories du directeur des Etudes, il n'avait pas obéi à un méprisable sentiment de jalousie et n'avait pas cherché, comme on l'a dit si faussement, à se débarrasser d'un adversaire dont l'influence le gênait pour demeurer seul maître du terrain.

Il avait eu uniquement en vue la défense de la vérité et s'était le premier offert en sacrifice en quittant une position considérable, très enviée, en parfaite harmonie avec ses aptitudes et ses goûts, afin d'être plus libre d'accomplir ce qu'il considérait comme une obligation sacrée de conscience sacerdotale.

Il est vrai que le ministre de l'Instruction publique, justement ému des doctrines soutenues par l'auteur de l'histoire de l'Ecole d'Alexandrie, mit M. Vacherot en disponibilité. Toutefois, il lui laissait la jouissance de son traitement, jusqu'au jour où de nouvelles fonctions lui seraient confiées. Ce jour ne devait pas arriver. Quelques mois après cette polémique, éclatait le coup d'Etat du 2 décembre. M. Vacherot refusa noblement de prêter le serment exigé par le nouveau dictateur et il fut destitué. Après avoir rappelé ces circonstances qui font justice des imputations pénibles formulées contre l'abbé Gratry, il m'est doux de mentionner de quelle façon les élèves catholiques de l'Ecole surent, en ces douloureuses circonstances, concilier la défense de leur foi avec la respectueuse et affectueuse reconnaissance dont ils étaient pénétrés à l'égard de M. Vacherot.

Dans une lettre, qui m'était écrite par Désiré Cambier le 7 juillet 1851, je trouve l'expression délicate de ces sentiments :

« M. Vacherot, que j'estime et que j'aime,
» nous a fait ses adieux. Il était fort ému.
» Le peu de mots qu'il a prononcés était di-
» gne et convenable, sauf son point de vue.
» Il nous a serré à tous la main, et à nous,
» catholiques, en particulier, avec une vive
» sympathie. Nous n'avons pas cru, que
» nous autres, qui avions été mêlés à toutes
» ces affaires, nous fussions dispensés d'une
» visite particulière par la visite générale.
» J'allai chez lui le lendemain matin avec
» Vignon [1], lui renouveler la reconnaissance
» et l'affection que nous gardions pour lui.
» Il fut fort sensible à cette démarche et
» nous assura à son tour, en nous serrant
» cordialement la main, qu'il se souvien-

1. M. Eugène Vignon, ancien professeur de rhétorique au Lycée de Lyon, mort le 11 février 1900.

» drait toujours de nous et qu'il nous sui-
» vrait dans nos carrières avec le même
» intérêt.

Cambier ajoutait, et au nom des souvenirs
de mes trois années d'Ecole (1847-1850) j'u-
nis mon témoignage au sien. « Le fait est
» qu'il était impossible pour nous, catholi-
» ques, d'avoir un directeur qui nous fût
» plus favorable ».

Quand j'ai raconté la mort du P. Gratry,
j'ai tenu à dire l'échange qui s'était fait entre
lui et M. Vacherot des assurances les plus
touchantes d'estime et de charité réciproque,
et comment j'en avais été l'intermédiaire —
également accrédité, je puis l'affirmer, par ces
deux hommes dont le public aurait pu croire
qu'ils étaient demeurés d'irréconciliables
ennemis [1].

Je puis bien rappeler ici que je n'ai jamais cessé d'avoir avec M. Vacherot les relations les plus affectueuses. Quelque temps
avant sa mort, mon nom ayant été prononcé

1. Voir *Les derniers jours et le testament spirituel du
P. Gratry* (4º édition des *Souvenirs*, pages 259 et 260).

devant lui par M. Ollé-Laprune, M. Vacherot reprit : « Le cardinal Perraud? je le porte
» dans mon cœur [1]. »

1. Notice sur M. Vacherot lue à la séance générale de
notre association des anciens élèves de l'Ecole normale par
M. Ollé-Laprune le 9 janvier 1898, (Bulletin p. 9). Je retrouve après coup, et trop tard pour être insérée dans mon
texte, une lettre de M. Vacherot que je cite tout entière. Je
lui avais écrit il y a dix-neuf ans pour lui demander si
j'avais exposé d'une manière exacte, dans ma notice de 1872,
la cause et le caractère de sa polémique avec l'aumônier de
l'Ecole normale en 1851. Voici sa réponse :

« Monseigneur,

» Puisque vous faites appel aux souvenirs de votre vieux
» maître, en ce qui concerne ma querelle avec le P. Gratry,
» je dois reconnaitre qu'ils concordent parfaitement avec
» les vôtres. Jamais l'aumônier de l'Ecole normale ne s'est
» mêlé des affaires de la Direction. Si le théologien a cru
» de son droit et de son devoir de réfuter une thèse sur
» l'évolution du dogme chrétien, j'aurais mauvaise grâce à
» m'en plaindre, et si cette polémique fut l'occasion dont
» on profita pour éloigner de l'Ecole un directeur que l'on
» trouvait trop libre penseur, je ne puis en accuser que le
» malheur des temps.

» Agréez, Monseigneur, l'assurance de ma haute estime
» et de ma sincère amitié. »

E. VACHEROT.

15 juillet 1881.

6. — L'Oratoire.

Après s'être démis de ses fonctions d'aumônier de l'Ecole normale, l'abbé Gratry reçut de Mgr Dupanloup, évêque d'Orléans depuis deux ans, le titre de vicaire général honoraire et l'offre qui fut acceptée de venir résider à l'évêché, où il séjourna jusqu'au mois d'août 1852.

C'est pendant cette année que se mûrit entre lui, l'abbé Pététot curé de Saint-Roch, l'abbé Hyacinthe de Valroger, chanoine titulaire de Bayeux, et trois jeunes gens desquels j'étais [1], le dessein très fort encouragé par Mgr Dupanloup et plusieurs évêques de France, de rétablir la congrégation de l'Oratoire emportée, avec tant d'autres institutions religieuses, par la tourmente révolutionnaire du siècle dernier.

---

1. Les deux autres étaient M. Louis Lescœur, docteur ès lettres, licencié en droit, et mon condisciple d'Ecole normale, Désiré Cambier.

Sur cette restauration, j'ai écrit un livre que je ne résumerai pas ici [1]. J'y ai fait connaître les motifs qui avaient présidé à cette entreprise, approuvée déjà par deux Papes; Pie IX, qui a béni nos commencements; et Léon XIII, qui nous a donné notre constitution et nos règles actuelles, empruntées en très grande partie au cardinal de Bérulle et à nos devanciers du xviie siècle.

Au mois d'octobre 1852, nous nous réunissions dans un modeste appartement de la rue d'Assas, d'où, après quelques semaines, notre domicile provisoire était transféré à la rue de Calais et à la petite chapelle qui avait été le noyau primitif de la paroisse de la Trinité. L'année suivante, nous retournions sur la rive gauche de la Seine et nous allions nous installer dans la maison n° 11 de la rue du Regard, occupée avant nous par l'œuvre de Notre-Dame de Sion fondée par M. l'abbé Théodore Ratisbonne.

Les vingt années écoulées entre 1852 et 1872 représentent la période la plus labo-

1. *L'Oratoire de France au* xviie *et au* xixe *siècle.*

rieuse et la plus féconde de la vie du P. Gratry. La plupart de ses livres datent de ce
temps, et aussi les homélies ou conférences
prêchées par lui, tantôt et le plus souvent
dans notre chapelle, tantôt dans la chapelle
des Religieuses de la Retraite, voisines de
notre maison, tantôt à Saint-Etienne du Mont.
Jusqu'à la fin le P. Gratry a gardé dans sa
parole publique, l'exquise simplicité de forme
qui accompagnait toujours en elle la profondeur et l'originalité de la pensée. Il conver-
sait en chaire des choses de Dieu et de l'âme
presque du même ton qu'il avait dans sa
chambre, lorsqu'il exposait ses idées en présence de quelques disciples. La faiblesse de
sa voix lui interdisait les grands auditoires
et des discours d'apparat. Dans les rares circonstances où on lui imposa de tels discours,
il fut comme dépaysé et privé de ses princi-
paux moyens d'action, lesquels, pour employer un mot de la langue platonicienne,
étaient tout « ésotériques », c'est-à-dire uniquement tirés des profondeurs intimes de
l'âme. et n'empruntant que le moins possi-

ble à ce que l'on appelle les procédés oratoires et les ressources extérieures de la parole.

Quelle fut au sein de l'Oratoire, particulièrement pendant huit ans — de 1853 à 1861, la vie du P. Gratry?

Après sa messe, qu'il disait d'ordinaire à six heures, il s'enfermait dans sa chambre. Il pratiquait avec la régularité la plus scrupuleuse, et il nous avait inspiré à son exemple, le respect religieux de ces premières heures du jour. Selon lui, la matinée devait être tout spécialement le temps du travail pour Dieu et pour les âmes, dans le silence, le recueillement, la solitude, avec l'accompagnement de la prière, et sévèrement séparé de toute cause extérieure de distraction. Durant ces heures, qu'il disait être « sacrées », pas de visites ni faites, ni reçues; pas de lectures de journaux; et, sauf devoir absolu, le moins possible de ce qu'il appelait « les occupations discursives » comme par exemple d'écrire des lettres. On aurait pu mettre sur la porte de sa chambre ce texte du livre de l'Ec-

clésiaste *alta profunditas quis inveniet eam* [1]?
dont il aimait à nous développer le sens et
les applications, quand il nous recomman-
dait avec instance d'éviter à tout prix la dis-
sipation, la multilocution, la dispersion intellectuelle, et de tendre de toutes nos forces,
surtout pendant cette première partie de
la journée, à l'intensité du recueillement afin
de pouvoir y puiser, pour les transmettre
ensuite aux âmes, la lumière de la vérité, les
inspirations de la justice et les ardeurs de la
charité qui comprend tout à la fois l'amour
de Dieu et l'amour des hommes. Quelle était
d'ailleurs la pensée dominante, et je puis
dire, la constante préoccupation des jeunes
hommes qu'avaient groupés autour d'eux
sous le drapeau de l'Oratoire, l'ancien aumônier de l'Ecole normale par sa chaude
parole et le vénérable curé de Saint-Roch
par l'ascendant d'une sainteté sacerdotale à
laquelle rendait hommage tout le clergé d'a-
lors ?

1. La sagesse réside dans la profondeur des abimes. Qui
la trouvera? (*Eccl.* vii, 251.)

J'ai essayé de le dire quand j'ai parlé de S. Philippe de Néri, le fondateur de l'Oratoire d'Italie au xvie siècle et de son disciple Baronius. Je reproduis cette page, dans laquelle tous mes frères de l'Oratoire avaient bien voulu reconnaître l'exact exposé de leurs désirs et de leurs aspirations :

« Lutter contre les erreurs opposées à la
» foi, en s'emparant de leurs propres armes
» et en les retournant contre elles; opposer
» à la science fausse, exclusive, passionnée,
» l'érudition la plus loyale, la plus large, la
» plus désintéressée : ne laisser l'ennemi se
» cantonner et s'établir sur aucun point des
» connaissances humaines; mais, comme les
» apôtres vont à toutes les nations du monde,
» envoyer des missionnaires dans toutes les
» sciences, pour les éclairer toutes de la
» lumière de la révélation et les faire toutes
» servir au progrès du règne de Jésus-Christ,
» accepter cette lutte permanente dans les
» conditions mêmes où la mettent les divers
» siècles et les diverses civilisations; se faire
» tout à tous pour gagner tous les esprits à

» la foi et tous les cœurs à la charité de
» Jésus-Christ, et, par conséquent, livrer le
» combat, ici sur le terrain de l'Ecriture
» sainte et de l'exégèse biblique, là, sur celui
» de la philosophie, de l'histoire, des sciences
» naturelles : puis, faire de la manifestation
» du beau dans les arts un moyen d'attirer
» les âmes ; suivre, s'il le faut, dans ses évo-
» lutions la pensée moderne et ne pas per-
» mettre à la science antichrétienne de con-
» fisquer le domaine des sciences sociales
» et politiques et d'en faire le monopole de
» la raison révoltée contre la foi, mais,
» sans relâche et sans découragement, sanc-
» tifier le travail par la prière ; se multiplier
» pour suffire à tout et pour ramener à la
» majestueuse unité de l'Evangile la discor-
» dance des sagesses purement humaines :
» telle est la marche que, dans son intelli-
» gente sollicitude pour les intérêts de la
» vérité, S. Philippe traça aux membres de
» l'Oratoire au milieu des luttes passionnées
» du XVIe siècle. Baronius commence cette
» tradition ; plus tard, les fils du cardinal

» de Bérulle la recueilleront fidèlement et
» par les Lami, les Thomassin, les Morin,
» les Malebranche et d'autres, se perpétuera
» cette ferme et vaillante milice toujours
» vouée à l'apostolat de la science, et par
» lui, aux conquêtes et aux progrès de la
» vérité catholique. Là éclate cette merveil-
» leuse intelligence des besoins propres à
» chaque siècle qui doit être le flambeau
» perpétuellement allumé au milieu de la
» milice toute sacerdotale de l'Oratoire [1]. »

J'écrivais cette page il y a trente-six ans dans ma cellule oratorienne de la rue du Regard. Elle résume encore pour moi très fidèlement, non certes ce que nous avons fait, mais ce que nous voulions faire et ce qu'il me semble plus urgent que jamais d'accomplir aux approches du nouveau siècle si l'on veut servir utilement l'Eglise et les âmes. Je me tiens pour assuré d'avoir condensé dans ces lignes ce que j'appellerais la quintessence des idées du P. Gratry lesquelles,

---

1. *L'Oratoire de France au* XVIIe *et au* XIXe *siècle*, p. 24.

en vérité, n'étaient pas de son invention personnelle, puisqu'elles avaient été déjà ma-
gnifiquement réalisées autour de S. Philippe
de Néri et dans la descendance du P. de
Bérulle. Ajouterai-je que je ne me sens pas
médiocrement encouragé à les mettre de
nouveau en relief dans cette étude, quand je
constate combien de fois, depuis vingt-deux
ans, ces mêmes pensées, ont inspiré les conseils, les appels, les exhortations de Léon XIII
aux prêtres de notre temps ?

7. — Henri Perreyve. — L'idéal du Sacerdoce.

A la première phase de notre existence
Oratorienne se rattachent un souvenir et un
nom que je ne saurais rappeler seulement
en quelques lignes. Ce ne sera pas une digression de parler ici d'Henri Perreyve. Son
existence trop courte, sa mort prématurée
ont suggéré au P. Gratry un de ses livres les
plus bienfaisants. Parler de lui d'ailleurs
sera montrer, non par des considérations

abstraites, mais dans une sorte de tableau vivant comment s'était réalisée autour du P. Gratry, pendant les premières années qui suivirent la résurrection de l'Oratoire, la charmante et cordiale vision qui avait ravi sa jeunesse : « une cité dont tous les habi- » tants s'aimaient. » Je laisse parler le P. Gratry :

« Il se trouva qu'un jour, avec une émo- » tion profonde et une joie qui ne peut se » décrire, ce groupe d'amis unis en Dieu » prit possession de sa terre promise laquelle » était un humble toit capable d'abriter sept » personnes. C'est là qu'ils allaient vivre » ensemble, prier ensemble et travailler en- » semble.

» Alors se déroulèrent, dans l'enthousiasme » d'une vie naissante, quelques années de » vrai bonheur, de vie intime et fraternelle, » d'amitié sainte, de véritable fécondité d'es- » prit et d'âme. Là se formèrent, sous une » austère et douce inspiration, et sous un » humble et saint exemple, de véritables » cœurs sacerdotaux, bons, patients, hum-

» bles, aimants et courageux. Là aussi com-
» mençait avec la plus joyeuse ferveur l'étude
» spéciale du prêtre, le travail de philosophie
» et de théologie. Là aussi commençait pour
» plusieurs, l'expérience de l'association in-
» tellectuelle véritable, de ses difficultés, de
» ses fécondités. . . . . Là, les
» intelligences sentaient qu'elles étaient bien
» pour étudier ensemble la vraie philoso-
» phie, à la fois théorique et pratique, et
» pour entrer dans la théologie à la fois par
» le cœur et par l'esprit.

» Là, dans cette école réelle de philoso-
» phie, on voyait et l'on comprenait par la
» vie dont on vivait soi-même, que la reli-
» gion, la poésie et la philosophie sont les
» manifestations d'une même vie. On voyait
» bien que la prière, quand elle est vraie, et
» la pratique morale, quand elle est énergi-
» que, sont sources de lumière et de philo-
» sophie [1]. »

Le P. Lescœur et moi demeurons les deux
seuls survivants de ce groupe primitif de l'O-

---

1. *Henri Perreyve*, p. 113.

ratoire dont Henri Perreyve, et son intime ami, mon bien-aimé frère Charles, étaient les deux Benjamins.

Ce qu'étaient l'un pour l'autre ces deux jeunes gens que l'affection mutuelle la plus vive et la plus chrétienne avait unis dès le temps du collège; qui après avoir parcouru du même pas toutes les étapes de leurs études classiques, fréquenté ensemble les cours de l'Ecole de droit, passé aux mêmes époques les examens, d'où ils étaient sortis tous deux licenciés, étaient entrés le même jour à l'Oratoire [1] pour se mettre, avec nous leurs aînés, sous la direction du P. Pététot et du P. Gratry : je ne puis l'exprimer qu'en leur appliquant ce qui est dit dans la Bible de David et de Jonathas. Oui, vraiment, chacun aimait l'autre comme sa propre âme et ils avaient formé entre eux un pacte que leur double mort a maintenant scellé pour l'éternité *Inierunt David et Jonathas fœdus; diligebat enim eum quasi animam suam* [2].

1. Le 1er novembre 1853, une année et quelques semaines après sa reconstitution.
2. I *Reg.* xviii, 3.

Qu'on relise les lettres de l'abbé Perreyve, et spécialement celles que Charles a publiées sous ce titre : *Lettres à un ami d'enfance* et on se fera une idée de ce qu'était cette amitié, des pensées de foi qui l'alimentaient, des viriles et apostoliques résolutions échangées entre les deux adolescents [1].

Hélas! après trois années des efforts les plus courageusement soutenus, il devint évident que la frêle constitution de notre cher Henri était incompatible avec la règle de l'Oratoire, si peu austère que celle-ci fût en elle-même. Il dut nous quitter pour aller terminer ses études théologiques à Rome [2]. Ordonné prêtre à Paris le 29 mai 1858 par le cardinal Morlot, il devint successivement et rapidement second aumônier du collège Saint-Louis, vicaire à S. Thomas d'Aquin et

1. Je suis heureux d'indiquer ici la pieuse et attachante monographie écrite par le P. Augustin Largent, prêtre de l'Oratoire. (*L'abbé Charles Perraud,* un vol. in-12, Paris, 1893.)

2. Il reçut le sous-diaconat à Saint-Jean de Latran, **le** 17 mai 1856.

enfin professeur d'histoire ecclésiastique à la Sorbonne [1].

C'est dans l'exercice de ce haut enseignement, qu'une mort prématurée venait le frapper le 26 juin 1865, à l'âge de trente-quatre ans.

Le livre que le P. Gratry a consacré à sa mémoire est précisément le type d'après lequel j'ai entrepris moi-même d'écrire la présente étude.

En effet, il ne s'agit pas là d'une biographie composée d'après les règles ordinaires et étroitement asservie aux exigences de la chronologie. C'est d'abord le portrait frappant de ressemblance, d'une des plus belles âmes dont Dieu, en ce siècle, ait doté l'Eglise de France.

Plus que cela encore, c'est à propos de ce jeune prêtre enlevé de ce monde après sept années de ministère, un traité sur le sacer-

1. Il y remplaça M. l'abbé Charles Lavigerie, nommé auditeur de rote et mort le 26 novembre 1892 cardinal archevêque d'Alger et de Carthage et primat d'Afrique. L'abbé Perreyve eut lui-même pour successeur dans cette chaire celui qui écrit ces lignes.

doce éminemment propre à entretenir le plus saint enthousiasme en tous ceux qui se sont voués à cet état. Ecoutons le P. Gratry :

« Henri Perreyve voyait dans le sacerdoce
» (et il voyait cela en toute lumière et pro-
» fondeur) la voie sans comparaison la plus
» haute, la plus noble, la plus utile et la plus
» belle dans tous les sens que l'homme puisse
» suivre sur cette terre. Il croyait qu'aujour-
» d'hui surtout dans ce périlleux passage
» que traversent l'Europe et le monde, les
» plus nobles courages et les plus vigoureux
» esprits devraient s'inscrire en plus grand
» nombre dans la milice de Dieu. Comme
» adolescent, il y exhorte ceux qu'il aime
» par les plus saisissantes raisons. Et, grâce
» à Dieu, il les exhorte aujourd'hui encore,
» et les exhortera longtemps par son exem-
» ple et le feu sacré répandu, sur ce sujet
» même, dans ses écrits et dans ses lettres.
» Quant à moi, je n'épargnerai rien pour
» donner à ce feu toute sa flamme et pour
» en embraser, si je puis, plus d'un cœur.

» Ce n'est vraiment ni de sa personne ni
» de sa louange qu'il s'agit, mais des splen-
» deurs de Dieu dans les âmes attirées au
» ministère évangélique. Mais il en eut si
» bien dans l'âme la poésie, l'intelligence et
» l'enthousiasme qu'on aime à les montrer
» et à les étudier en lui[1]. »

Du côté de Dieu, le sacerdoce est une dé-
légation partielle de son pouvoir souverain
sur les âmes, pour les éclairer, les conduire,
les relever, les guérir, les rendre capables
de la vie éternelle. C'est encore, et très directement une institution destinée à continuer
à travers les siècles non seulement la mission
mais la personne même de Jésus-Christ, qui
revit dans le prêtre, chargé d'annoncer en
son nom la bonne nouvelle à toutes les générations, d'opérer effectivement la rémission
des péchés ainsi que la prodigieuse transformation du pain et du vin au corps et au sang
du Sauveur dans le sacrifice Eucharisti-
que.

1. *Henri Perreyve,* p. 32.

Du côté de l'homme, le sacerdoce est le plus héroïque emploi et la transfiguration du courage et de l'amour [1].

Dans un de ses beaux discours de la Sorbonne prononcés un an avant sa mort et cité par le P. Gratry, l'abbé Perreyve disait : « Heureuses, trois fois heureuses les âmes » virginales que, dès le matin de leur jeu. » nesse, Dieu prend pour son service et qui » rencontrent de bonne heure le terme béni » de l'absolu don de soi-même !

» Vous, mes jeunes frères et amis, si, au » milieu du chemin de votre ardente jeu- » nesse et au sein même de votre fière li- » berté, Jésus-Christ vous dit le mot éternel » qui fait les apôtres, « viens et suis-moi », » comprenez que l'honneur qui vous est fait » est grand ; courbez la tête sous le poids » d'une gloire trop sainte et acceptez en trem- » blant, mais en aimant, cette couronne du » sacerdoce, qui a des épines comme celle du » Christ, mais qui n'ensanglante le front de

____

1. *Henri Perreyve*, p. 66.

» l'homme que pour l'amour des hommes et
» pour la gloire de Dieu [1]. »

Telles étaient bien les vibrations d'âme
qui, des maîtres aux disciples et des disciples entre eux pour remonter ensuite à leurs
maîtres, lesquels n'étaient pour eux que des
amis plus âgés et plus expérimentés, s'échan-
geaient incessamment dans l'étude de la philosophie et de la théologie et surtout dans
les entretiens spirituels où chacun, à tour de
rôle, était invité à faire connaître les pensées que Dieu lui avait données. On mettait
ainsi en commun les lumières, les élans, les
aspirations pieuses, les désirs et les pers-
pectives de dévouement au service de la
grande cause de Jésus-Christ, de son Evangile, de son action sur les âmes, du relèvement des petits et des pauvres par la vérité
répandue et par la charité pratiquée, cela se
pratiquait avec une ardeur et une sincérité
qui s'exprimaient toujours dans un langage
très simple où les esprits et les cœurs se

1. L'abbé Perreyve, *Une station à la Sorbonne*, p. 235.

sentaient un dans la commune recherche de la même idéale et vivante beauté.

« Qu'est devenu ce printemps de notre vie » sacerdotale? demandais-je dans les pages » que j'écrivais au mois de février 1872. » Qu'est devenu lui-même ce groupe d'in- » telligences et de cœurs si fortement liés » par des amitiés toutes divines [1] et où l'u- » nique passion était d'établir le règne de » Jésus-Christ dans le monde?

» Avec la marche du temps, que de décep- » tions, que de désillusions amères, que de » douloureuses séparations !

» Mais hélas ! il n'y a pas que la mort qui » sépare et qui disperse. La vie n'a-t-elle » pas aussi ses duretés, ses contentions, ses » chocs douloureux, ses terribles malenten- » dus? Les hommes mêmes qui veulent le » bien avec le plus de sincérité et le plus » d'ardeur n'échappent pas toujours à cette » dure loi, où se voit si tristement l'em-

---

1. C'est bien là que s'appliquait ce beau mot de Bossuet : « L'amitié est la perfection de la charité. C'est une liaison » particulière pour s'aider à mieux jouir de Dieu. » *Méd. sur l'Evangile*, 47ᵉ jour.

» preinte inexorable de notre native mi-
» sère [1]. »

Vingt-huit ans après la mort du P. Gratry et plus de douze après celle du P. Pététot, je puis bien révéler, sans manquer à aucune délicatesse, sans trahir les égards dont je me sens redevable envers ces deux pères et amis de mon âme, que de pénibles dissentiments s'élevèrent entre eux. Il serait trop long, et d'ailleurs parfaitement inutile, d'en exposer ici les causes. Nous en avons beaucoup souffert, nous qui entourions ces deux hommes d'une même confiance et d'une même affection et qui aurions si ardemment désiré voir se maintenir entre eux, dans toute son intégrité, l'harmonie des premiers jours [2]. A ces heures douloureuses, notre sécurité fut de trouver auprès du cardinal Mor-

1. *Les derniers jours du P. Gratry. Son testament spirituel*, p. 225.

2. Pareille épreuve fut celle des premiers chrétiens, lorsqu'ils durent constater que, après avoir travaillé de concert à l'évangélisation des Juifs et des païens, Paul et Barnabé se séparèrent à la suite d'un conflit survenu entre eux. *Facta est dissensio, ita ut discederent ab invicem* (**Act. Ap.,** xv, 39).

lot, archevêque de Paris, la lumière et les conseils dont nous avions besoin. A plus d'une reprise, il intervint dans nos difficultés avec une bonté toute paternelle et fit accepter des décisions qui sauvegardèrent l'essence du contrat d'union qu'avaient formé entre eux, pour la reconstitution de l'Oratoire, le curé de Saint-Roch et l'ancien aumônier de l'Ecole normale.

C'est en vertu de cet arbitrage que, à partir de 1861, le P. Gratry, dont la santé, d'ailleurs ne se prêtait plus à l'observation complète d'un règlement de communauté, fut autorisé à demeurer en dehors de notre maison de la rue du Regard, et même à avoir auprès de lui un des nôtres pour collaborer à ses travaux [1]. Un peu plus tard, Mgr Darboy, archevêque de Paris, sollicita du Saint-Siège et obtint pour le P. Gratry la faveur d'un oratoire domestique où il célébrait chaque jour la sainte messe.

____

1. Mon frère Charles.

Grâce à ces arrangements, approuvés par le chef du diocèse, nous continuâmes à poursuivre le but primitif. Nos réunions et conférences se tenaient tantôt dans notre maison de la rue du Regard, tantôt dans cet appartement de la rue Barbet de Jouy, devenu un atelier de travail et un foyer de fermentation intellectuelle où la première place fut toujours donnée aux préoccupations de l'apostolat. Les *Lettres sur la religion* et *la Morale et la loi de l'Histoire,* écrites et publiées par le P. Gratry dans le cours de ces années, attestent à quel point celui que nous appelons « notre père et notre maître » entendit être fidèle jusqu'à la fin aux convictions qui avaient déterminé l'emploi de sa vie, depuis le jour où il s'était retourné vers Dieu et avait pris la résolution de se consacrer exclusivement à son service.

CHAPITRE II

LE PHILOSOPHE

Je viens d'esquisser la physionomie de l'homme et du prêtre; je voudrais maintenant essayer de faire connaître le philosophe et déterminer la place qui, de ce chef, revient au P. Gratry, dans le mouvement intellectuel du XIX° siècle.

I

Mais d'abord le P. Gratry a-t-il été un philosophe?

Il faut s'entendre.

Si, pour être philosophe et reconnu comme tel, il faut avoir inventé quelque système inconnu jusqu'alors; trouvé sur les problèmes essentiels que se posent la raison et la conscience des théories entièrement inédites, annoncé la prétention d'ouvrir à l'esprit humain des voies non encore frayées et où l'expérience et la sagesse traditionnelles ne seront comptées pour rien : dans ce cas, après avoir décerné pompeusement le titre de philosophe à Spinoza, à Kant, à Hegel, on pourra le dénier au P. Gratry.

Mais si l'essence de la philosophie, suivant le sens étymologique de ce mot, consiste dans la recherche et dans l'amour de la sagesse; si, pour rappeler de belles définitions des anciens, elle est « la connaissance » des choses divines et des choses humai- » nes », de leurs causes et de leurs relations; si cette science ou cette sagesse se propose pour objet de résoudre par les méthodes les plus lumineuses, les plus compréhensives, les plus accessibles à tous, les difficultés théoriques et pratiques avec lesquelles l'homme est obligé de se mesurer pendant son passage en ce monde; si elle lui apprend à se bien servir du don de l'existence, à le rendre profitable à lui-même, aux autres, à la société du genre humain ; si, par la vérité mieux connue sur son origine et sur sa fin, elle l'aide à trouver des ressources précieuses pour mieux accomplir ses devoirs, porter plus vaillamment les épreuves inévitables de la vie, et, comme dit excellemment Aristote, se mieux acquitter de son métier d'homme ἀνθρωπεύεσθαι [1] : à tous ces titres, le P. Gratry doit être rangé parmi les philosophes qui auront le mieux mérité de leur temps, de leur pays, de l'humanité tout entière.

Il est d'abord de ceux qui ont le plus hautement proclamé les droits de la raison et affirmé la légitimité de ses recherches dans le domaine de la philosophie. Disciple de S.

1. Aristote, *Morale à Nicomaque*, l. X, VIII, 6. Montaigne s'est inspiré de ce mot d'Aristote, quand il a dit « faire » bien l'homme. (*Essais*, LIII, ch.-13).

Augustin et de S. Thomas d'Aquin, avec eux et par eux, il est en communion avec cette admirable sagesse de l'Eglise à qui sa mission de garder et de défendre le dépôt de la révélation n'a jamais fait perdre de vue que la raison, elle aussi, est un don de Dieu et que nous devons non pas la supprimer ou la condamner à l'inaction, mais au contraire, l'exercer et la développer, afin de la rendre plus capable de connaître la vérité.

Mais pour que la raison puisse s'acquitter de son légitime et nécessaire mandat, il faut qu'elle se tienne sévèrement en garde contre tout ce qui pourrait diminuer, paralyser ou dénaturer son action. En outre, elle ne doit jamais oublier qu'elle n'est ni omnisciente ni toute-puissante. Une partie de sa force et de sa dignité réside dans la conscience qu'elle a de son infirmité native et du besoin qu'elle a d'être aidée, complétée, soulevée plus haut qu'elle par une puissance supérieure, si elle ne veut pas s'arrêter à mi-chemin dans la recherche et la conquête de la vérité totale.

Je ne sache pas qu'aucun philosophe contemporain ait décrit avec plus d'exactitude
et de vigueur que le P. Gratry les maladies
intellectuelles propres à notre siècle et qui
ont affaibli parmi nous l'empire de la saine
raison. Il faudrait citer ici presque intégralement l'introduction de son livre de *la Connaissance de Dieu.*

« Quel est l'état réel de la raison publique
» au milieu des torrents de doctrines qui en-
» traînent les esprits?.. On écoute peu ; puis
» on juge peu ce qu'on écoute. L'audace de
» tout dire a fait naître la patience de tout
» supporter. On ne regarde rien en face...
» On laisse surgir en soi tout sophisme sans
» le juger et le sophisme un instant toléré
» usurpe bientôt en nous le droit de cité,
» au même titre que la raison... Plus de ré-
» pression intellectuelle, plus de tribunal
» intérieur, plus de justice contre l'absurde,
» mais, au contraire, tolérance absolue du
» faux, liberté de penser l'erreur, égalité de-
» vant l'esprit de l'absurde et du vrai [1].

1. *Connaissance de Dieu.* Introduction, p. 3 et 4.

5.

» Combien peu d'êtres raisonnables culti-
» vent en eux le don sacré de la raison !...
» Chez presque tous les hommes, c'est une
» force opprimée et un pouvoir subordonné,
» non seulement à la fantaisie, aux sens,
» aux intérêts et aux désirs, mais encore au
» mouvement du sang et des humeurs, à
» l'influence de la matière qui nourrit notre
» corps et des forces de la nature physique.
» La raison, vernis logique d'une vie tout
» animale, lien trivial et aveugle de nos
» passions, de nos désirs, de nos humeurs
» et de nos sensations, la raison mêlée à l'en-
» semble et entraînée au mouvement total,
» obéit en esclave, au lieu de régner [1].

» Oui, l'esprit humain, de notre temps,
» plus que jamais, a besoin d'être relevé et
» sauvé. Oui, la raison humaine est en pé-
» ril, et là, sans doute est le plus grand de
nos dangers sociaux et religieux [2].

Ce ne sont pas les événements accomplis
dans le presque demi-siècle écoulé depuis

1. Ib. p. 18.
2 Ib. p. 31.

que ces pages ont été écrites qui donneront un démenti à ces réflexions si douloureusement fondées. Ce qui se passe en France, depuis quelques années surtout, démontre à quel point la raison publique est souvent déraisonnable; avec quelle facilité lamentable elle est à la merci des sophismes les plus grossiers, des plus vulgaires préjugés et combien elle aurait besoin de se reprendre par une discipline faite tout à la fois de sagesse, de vigueur et d'humilité.

II

Mais pour arriver à la connaissance de la vérité suffit-il d'employer sa raison toute seule? N'est-il pas nécessaire que les autres facultés concourent à son travail?

Déjà, dans une parole que l'on peut considérer comme un axiome fondamental, aussi nécessaire à la philosophie que l'est aux mathématiques le fameux postulatum d'Euclide,

Platon avait dit : « C'est avec notre âme tout
» entière qu'il faut retourner notre raison,
» afin que, de la vision des choses qui pas-
» sent, elle puisse fixer le foyer de la lumière
» et de l'être [1]. »

On se tromperait donc en attribuant au
P. Gratry l'honneur d'avoir inventé une méthode nettement exposée et décrite bien des
siècles avant lui. — Mais, parmi les philosophes français de notre temps, il est assurément un de ceux qui auront démontré
avec le plus de force comment c'est tout
l'homme, à savoir son intelligence, sa volonté, son cœur, qui doivent s'employer de
concert à la recherche de la vérité !

« Quiconque, par le seul travail de la tête
» et l'abondance de son érudition, prétend
» sans la sagesse pratique, à la philosophie
» et à la vérité, celui-là n'y parviendra pas...
» La philosophie creuse et vide, sans expé-
» rience personnelle de celui qui la traite,
» sans objet réel et vivant sous le regard de
» la conscience, sans sagesse, sans piété,

____

1. Ἐὺν ὅλη τῇ ψυχῇ, Platon, _de Rep._

» sans ardent amour de Dieu, de la lumière
» et de l'humanité, cette triste et pitoyable
» dissection des facultés de l'homme abstrait
» est le travail le plus stérile qu'ait jamais
» entrepris l'esprit humain. Aucun rayon
» de lumière n'en est jamais sorti pour
» l'homme [1].

La vraie méthode philosophique est donc de faire concourir toutes les facultés de l'âme à l'étude des problèmes qui sollicitent la curiosité légitime et l'attention de l'homme. A cet égard, il n'est rien de plus philosophique que ce précepte de la loi de Moïse renouvelé et confirmé par l'Evangile. « Tu chercheras
» Dieu (c'est-à-dire le vrai, le beau, le bien)
» de toute ton âme, de tout ton cœur, de
» tout ton esprit, de toutes tes forces [2]. »

De la littérature, des mathématiques, de l'astronomie : on peut en faire avec sa seule intelligence et n'intéresser en rien à ce travail les autres facultés de l'âme. Il n'en est pas de même de la philosophie.

1. *Logique* I, 64.
2. *Deuter.* VI, **5.**

« Par cela même qu'on ne cherche pas la
» sagesse de toutes ses forces, par le cœur
» et l'esprit en même temps, mais bien par
» l'esprit seulement, par cela même, on ne
» la cherche pas non plus avec l'esprit tout
» entier. L'esprit a des racines dans le cœur,
» et tient nécessairement, à la volonté même
» dans l'unité de l'âme. Il y a des mouve-
» ments que l'esprit isolé ne fait pas ; seul
» l'esprit peut déduire, il ne s'élance pas.
» On diminue l'élan de l'intelligence à me-
» sure qu'on l'isole et que l'âme tout entière
» ne l'appuie pas de toutes ses forces [1]. »

Il faut donc que le disciple de la sagesse
mette en œuvre l'attention de l'esprit, la pureté du cœur, et l'effort de la volonté, qui
se garde libre de l'esclavage des sens et des
cupidités terrestres afin de seconder le travail de la raison, et de la soutenir dans ses
laborieuses ascensions vers la vérité.

Est-ce tout ? non, et pour être complète, par
conséquent efficace et féconde, la méthode

1. *Connaissance de Dieu,* t. I, p. 187.

philosophique exige encore d'autres conditions.

III

D'abord, il ne s'agit pas d'inventer de
toute pièce des solutions inconnues et d'étonner le monde par des formules nouvelles, ignorées de ceux qui nous avaient précédés. Les problèmes que se pose la
philosophie sont aussi anciens que la présence de l'homme sur la terre. Ils sont en
petit nombre et toujours identiques à eux-
mêmes. « Il n'y a rien de nouveau sous le
soleil, » dit l'auteur de l'*Ecclésiaste*, écho
de l'universelle sagesse [1]. Savoir avec certitude d'où il vient, où il va, ce que signifie le
mystère de la vie, à quelle fin doivent être
rapportés les biens et les maux dont se compose la trame de l'existence et d'après quel
criterium il faut les apprécier; et puisque

---

1. *Eccl.* i. 10.

le passage de l'homme sur la terre ne laisse pas plus de traces que le sillage du navire sur les flots ou le jet rapide de la flèche qui fend les airs [1], il ne peut pas ne pas se demander quel est le sens du travail qu'il y est venu faire, de la peine qu'il s'y donne, des luttes incessantes et douloureuses dans lesquelles sans le savoir, sans le vouloir, il est engagé par le seul fait de son appel à l'existence.

C'est bien le cas de dire, avec Labruyère, que, « depuis sept mille ans qu'il y a des » hommes et qui pensent » ces questions fondamentales se sont imposées à tous les esprits sérieux. Or, de même que la raison ne doit pas se mettre à part du cœur et de la volonté, quand il s'agit de chercher et de trouver le vrai, de même le philosophe aura soin de ne pas s'isoler de ceux qui ont déjà médité sur les questions ; et sans aliéner la liberté nécessaire de ses recherches, il les rendra tout à la fois plus faciles et plus fruc-

1. *Sagesse*, v. 10, 12.

tueuses s il se sert avec intelligence des travaux accomplis avant lui.

Dans un Mémoire demeuré longtemps inédit, et qu'il avait composé pour « des » personnes éclairées et de bonne intention » Leibniz établit que « les hommes qui ont du » mérite feraient infiniment plus et mieux » s'il y avait entre eux beaucoup d'intelli- » gence et de communication [1]. »

Il reproche à Descartes d'avoir voulu être *solipse* — c'est-à-dire de s'être isolé, pour se livrer à ses recherches philosophiques — de n'avoir creusé qu'au dedans de lui-même — et d'avoir médité et pensé comme si personne n'avait encore étudié les questions qui sollicitent la curiosité de l'esprit humain.

« La singularité, disait le grand philoso- » phe hanovrien, fait ce méchant effet qu'elle » donne occasion à des sectes et à des entê-

1. Le manuscrit de ce mémoire, écrit en entier de la main de Leibniz, est à la Bibliothèque de Hanovre. Il a été publié pour la première fois en 1854 par M. Foucher de Careil, ancien élève du Collège Stanislas, quand l'abbé Gratry en était Directeur. (*Lettres et opuscules de Leibniz,* pp. 274-292).

» tements de fausse gloire qui arrêtent les
» progrès 1. »

Ce n'est pas du P. Gratry que l'on pourra
jamais dire qu'il a été un *solipse*. Personne
plus que lui n'a préconisé, désiré et autant
qu'il pouvait dépendre de lui, pratiqué cette
« communication » qui diminue les chances
d'erreur, multiplie les moyens de savoir, et
fait bénéficier des travaux accomplis avant
lui le philosophe appliqué à la recherche de
la vérité. « Ceux-mêmes, disait-il au début de
» la *Connaissance de Dieu*, qui pensent un
» peu régulièrement, pensent peu, et à peu
» près inutilement parce qu'ils sont isolés,
» parce que chaque esprit ne voit que soi,
» et que l'union et l'association des forces
» intellectuelles sont encore à venir 2. »

Ayant à cœur de combattre et de réduire
au silence les sophistes qui, dans le courant
de ce siècle, ont essayé d'acclimater parmi
nous l'athéisme, le panthéisme, le scepticisme absolu, le P. Gratry n'a cru pouvoir

1. Ib. p. 288.
2. *Connaissance de Dieu*, t. I, p. 22.

les mieux combattre qu'en leur opposant le concert à peu près unanime des plus grands esprits qui aient cultivé et honoré la philosophie.

Comme Raphaël dans sa fameuse fresque de l'Ecole d'Athènes, le **P.** Gratry groupe autour de ce que l'on peut appeler l'arche sainte des vérités primordiales de l'ordre rationnel Platon et Aristote, S. Augustin, S. Anselme et S. Thomas d'Aquin, puis les maîtres de la pensée dans le grand siècle, Descartes, Pascal et Malebranche, Leibniz, Bossuet et Fénelon.

Non certes, il n'a pas été un *solipse* et il a trouvé plus de gloire à faire connaître les travaux des grands penseurs ses devanciers qu'à reprendre pour son compte personnel, comme si rien n'avait été fait avant lui, l'étude des problèmes philosophiques.

IV

De plus, afin de rendre cette étude plus féconde, il estimait — comme Leibniz — que la philosophie, au lieu de se cantonner d'une manière exclusive dans son domaine propre, doit se mettre en communication avec les autres sciences, se familiariser avec leurs méthodes et avec leurs résultats.

« Les grands hommes du xviie siècle étaient
» à la fois mathématiciens, physiciens, as-
» tronomes, naturalistes, historiens, théolo-
» giens, philosophes, écrivains. Qu'on en
» cite un qui n'ait été que philosophe! voilà
» nos modèles [1]. »

J'ai déjà dit, mais je rappelle que le P. Gratry avait qualité pour recommander « la science comparée » à ceux de ses contemporains qui voulaient se mettre au travail intellectuel et le faire servir aux conquêtes

1. *Les Sources*, p. 354.

de la vérité parmi les hommes. N'était-il
pas lui-même une sorte de vivante encyclopédie où les mathématiques, l'astronomie,
les sciences naturelles avaient leur place
auprès de la philosophie, de la théologie et
d'une connaissance approfondie des lettres
grecques, latines et françaises [1]? Il person-
nifiait donc bien en lui-même la méthode
dont il donne à la fois le précepte et l'exemple dans cette belle page des *Sources* :

« L'esprit est une étrange capacité, une
» substance d'une nature surprenante. Je
» vous excite à la science comparée; je vous
» demande pour cela d'étudier tout : théo-
» logie, philosophie, géométrie, physique,
» physiologie, histoire. Eh bien ! je crois vous
» moins charger l'esprit que si je vous disais
» de travailler de toutes vos forces, pendant
» la vie entière, la physique seule, la géo-
» métrie seule, la philosophie ou la théologie
» seule. Il se passe pour l'esprit ce que la
» science a constaté pour l'eau, dans sa ca-

1. Voir plus haut, p. 37.

» pacité d'absorption. Saturer l'eau d'une
» certaine substance ; cela ne vous empêche
» en rien de la saturer aussitôt d'une autre
» substance, comme si la première n'y était
» pas ; puis d'une troisième, d'une quatrième
» et plus. Au contraire et c'est là le fort du
» prodige, la capacité du liquide pour la pre-
» mière substance augmente encore quand
» vous l'avez en outre remplie par la se-
» conde, et ainsi de suite jusqu'à un certain
» point. Donc, ajoutez à votre philosophie
» toutes les sciences et la théologie, vous
» augmenterez votre capacité philosophi-
» que ; votre philosophie, à son tour, aug-
» mentera de beaucoup votre capacité scien-
» tifique, théologique, ainsi de suite, jusqu'à
» un certain point qui dépend de la nature
» finie de l'esprit humain et du tempérament
» particulier de chaque esprit [1]. »

Il ajoutait, et c'est encore là que se trouve
indiqué un procédé fondamental de la recherche du vrai par la science sur lequel il

1. *Sources*, p. 102 et suivantes.

a insisté tant de fois et avec tant de raison :

« Il ne faut point oublier surtout que ces
» capacités de l'eau dépendent principale-
» ment de sa température.

» Refroidissez : la capacité diminue; elle
» augmente si la chaleur revient. De même,
» rien n'augmente autant la capacité de l'es-
» prit qu'un cœur ardent. *L'esprit grandit*
» *quand il fait chaud dans l'âme* [1]. Les pen-
» sées sont grandes quand le cœur les dilate.
» Il y a des esprits où il fait clair; il y en a
» où il fait chaud, disait excellemment Jou-
» bert. Oui, parfois la chaleur et la clarté se
» séparent; mais la chaleur et la grandeur
» jamais. Les esprits les plus grands sont
» toujours ceux où il fait chaud [2]. »

N'est-ce pas là un heureux emploi de la
science comparée et une application saisissante à la psychologie d'une expérience de
physique?

« L'esprit grandit, quand il fait chaud dans

---

1. Je souligne à dessein cette belle parole pour la signaler
mieux à l'attention du lecteur.

2. Ib., p. 104.

» l'âme. » Cette formule n'est-elle pas implicitement contenue dans la parole révélée dont le P. Gratry aurait voulu pénétrer à fond tous ceux qui se vouent à l'étude de la philosophie et que j'ai déjà citée ? « Vous » chercherez le Seigneur — non seulement » de tout votre esprit — mais de tout votre » cœur, de toutes vos forces. »

v

Mais comment celui qui est en quête de la vérité attirera-t-il en lui-même la lumière chaude qui aide à voir clair et augmente sa capacité de connaître?

Ici encore, nous allons trouver une application très féconde de la méthode « de communication » si fortement recommandée par Leibniz; et la morale — la plus pure morale évangélique — armera d'un instrument puissant d'analyse le philosophe qui se recueille pour mieux connaître Dieu, et lui-même et l'humanité.

Il n'est nullement nécessaire d'avoir passé de longues années sur les livres, ou d'avoir acquis une grande expérience de la vie, pour être pratiquement convaincu que chaque homme porte au dedans de lui-même deux principes d'erreur et de mal : l'orgueil, qui est le mal de l'esprit, et une cupidité sensuelle qui est le mal de tout l'être, parce qu'elle ravale l'homme au niveau de l'animal sans raison, et constitue pour l'âme et pour le corps un danger permanent.

Aussi, une des premières et plus indispensables conditions à réaliser si l'on veut se mettre en état d'étudier avec fruit les problèmes de la philosophie, c'est de lutter avec une énergie souveraine contre ces deux formes de l'égoïsme, en soumettant la chair à la raison et la raison à Dieu[1]; double sacrifice au prix duquel toutes les énergies vitales sont ramenées au foyer central du

1. Cette hiérarchie a été bien des fois exposée par S. Augustin.

cœur et deviennent cette lumière chaude qui dilate l'âme, et la rend tout à la fois plus grande et plus forte.

On ne relira, on ne méditera jamais assez ce quatrième livre de la connaissance de l'âme consacré par le P. Gratry à l'exposition de ce procédé fondamental qui contient à la fois « le christianisme, la morale, la plus » profonde métaphysique et les mystères de » la logique elle-même [1].

» La forme de mort par l'égoïsme, c'est » l'état de l'âme dévorée par le double foyer » d'orgueil et de sensualité. Mais que sont » au fond ces deux vices? ces deux passions » sont-elles mauvaises en elles-mêmes et » dans leur racine? En aucune sorte. Elles » sont mauvaises, en tant que divisées dans » l'âme par l'égoïsme ; en tant que soumises » à l'amour-propre désordonné, dit S. Tho- » mas d'Aquin, d'après S. Augustin.

» Ces deux forces ne demandent, pour de-

1. *Connaissance de l'âme.* T. II. L. IV. La transformation par le sacrifice, p. 59.

» venir des forces saintes qu'à être employées
» par l'amour, par l'amour de Dieu et de
» nos frères, au lieu d'être employées par
» l'égoïsme. Elles ne demandent, selon l'ex-
» pression de S. Thomas, qu'à être ramenées
» en un dans le nœud de la justice... La pé-
» nétration mutuelle des deux forces, quand
» l'égoïsme ne les arrête plus en deux foyers
» mauvais, devient la vie, la lumière, le feu
» sacré de l'âme.

» Isaïe semble avoir vu éclater cette lu
» mière des âmes dans l'anéantissement de
» l'égoïsme. Le Prophète repoussant le faux
» sacrifice et demandant au nom de Dieu le
» véritable, celui de l'égoïsme, celui par qui
» l'on donne son âme à une autre âme, pro-
» nonce ces paroles magnifiques, dignes du
» plus grand des prophètes « alors, dit-il,
» ta lumière éclatera comme l'aurore » (*tunc
erumpet quasi mane lumen tuum*).

« Ton âme alors est à l'instant guérie »
(*sanitas tua citius orietur*) et, répétant sa
vision de lumière, « oui, dit-il, ta lumière
» éclatera dans les ténèbres, et les ténèbres

» se changeront en plein midi » (*orietur in tenebris lux tua et tenebræ tuæ erunt sicut meridies.*) « Puis le prophète ajoute ces inex-
» plicables paroles, qui sont ici la clarté
» même : Et alors la gloire de Dieu te re-
» cueillera » *et gloria Domini colliget te.*

« L'âme ne disperse plus; elle recueille;
» elle rassemble ses forces dans la lumière
» et dans la vie de Dieu, et la gloire de Dieu
» la recueille. Le nœud des forces, le foyer
» simple, et par conséquent fort, illumine et
» vivifie tout. »

« ... C'est le passage, par l'anéantissement
» de l'égoïsme, de la duplicité à la simplicité,
» des ténèbres à la lumière, de la mort à la
» vie. Aucune force n'est anéantie. Loin de là,
» toutes les forces sont délivrées, concen-
» trées, glorifiées, prodigieusement multi-
» pliées par leur mutuelle pénétration [1]. »

1. Ib. p. 96-99. Les textes d'Isaïe sont empruntés au ch. LVIII.

VI

Il n'est pas nécessaire d'insister pour montrer comment une telle psychologie, si exactement déduite de la connaissance expérimentale de la nature humaine, de ses ressources, de ses lacunes, de ses besoins, de ses périls, et, par là même, si pénétrée des maximes fondamentales de la sagesse évangélique, explique déjà très suffisamment comment on a traité le P. Gratry de mystique, c'est-à-dire de pieux rêveur que les vrais philosophes ne sauraient prendre au sérieux.

Mais cette accusation est encore davantage autorisée par une théorie du P. Gratry, qui, d'après eux constitue spécifiquement le mysticisme ou la substitution d'une sorte de sentimentalité vague et occulte à l'exercice normal et nécessaire de la raison.

6.

Le grief est considérable et vaut la peine d'être examiné de près.

Voici d'abord la théorie dans les termes mêmes où elle a été exposée par le P. Gratry.

« La vie entière est un perpétuel travail
» de Dieu pour nous donner et pour nous
» inculquer la vérité. Il n'y a pas un mou-
» vement de l'âme et de l'esprit, pas une pa-
» role survenant du dehors, pas une seule
» sensation ni un mouvement du corps, qui
» ne soit en un sens, un mouvement et une
» parole de Dieu pour nous apprendre la
» vérité. Le monde des corps est une parole
» de Dieu destinée à instruire les hommes et
» par laquelle Dieu parle à chacun de nous,
» de la vérité qui est Dieu. Le monde des
» esprits est un autre discours de Dieu dans
» lequel Dieu nous parle plus clairement en-
» core et de nous et de lui. Enfin, il y a un
» troisième monde qui est lui-même, lui
» seul, et dans le sein duquel il ne cesse de
» nous attirer ».

» Ce que l'on ne sait pas assez, c'est que

» l'homme a le sens de ces trois mondes.

» L'homme a le sens du monde intelligible,

» et le sens de Dieu même. Pourquoi dit-on

» parfois que l'homme n'a que le sens du

» monde des corps? Pourquoi ceux qui con-

» naissent le sens du monde intelligible igno-

» rent-ils d'ordinaire *le sens divin* du monde

» suprême? Pourquoi veut-on détruire ainsi

» la racine même de l'âme et par la racine

» tout l'ensemble? »

Dans son étude sur la Théodicée de Thomassin et dans les chapitres de la connaissance de Dieu, où il a traité des rapports de la raison et de la foi, le P. Gratry avait déjà exprimé la même pensée. Enfin, allant de lui-même au devant des objections ou accusations qu'il pressentait devoir être formulées contre lui, il n'avait pas craint de dire « qu'il » y a un mysticisme vrai et nécessaire, sans » lequel la philosophie ne peut pas être » achevée, transformée, organisée [1]. »

1. *Connaissance de Dieu.* T. II, p. 20. Le P. Gratry s'appuie ici sur l'autorité d'un des maîtres de la philosophie allemande. Schelling a dit que « par le progrès de la vraie

On pourrait d'abord faire remarquer que cette idée du sens divin, aidant à connaître Dieu, comme la sensation aide à connaître le monde des corps est à tout le moins impliquée dans le texte très connu de S. Paul, lorsqu'il parle de la connaissance naturelle de l'Etre souverain, le principe de la vie universelle, dont l'omniprésence nous enveloppe de toutes parts, « en qui nous avons » le mouvement, l'être et la vie » et que nous touchons pour ainsi dire, tant il est près de nous : *Si forte attrectent eum* [1].

Mais ce tact ou ce toucher de Dieu qui commence à nous révéler son existence, qu'est-ce autre chose que le sens divin mis par le Créateur lui-même à la racine de l'âme et par lequel il la tire à Lui?

Ce mysticisme que le P. Gratry appelle « vrai et nécessaire » n'est à aucun degré la substitution d'une sentimentalité dangereuse et pleine d'illusions à l'exercice normal de

» philosophie, Dieu ne sera plus seulement pour elle un être » rationnel, mais un être expérimental. »

1. Act. XVII, 27.

la raison, et il n'a rien de commun avec le
mysticisme des Alexandrins.

Le P. Gratry s'est expliqué à cet égard de
la façon la plus nette et la plus propre à
prévenir toute confusion.

« Le sens divin, qu'on le remarque, ne
» peut donner par ce contact de Dieu qu'une
» connaissance et un amour implicites de
» Dieu, double élément qu'ont à développer,
» à diriger en nous la raison et la liberté.

» Dès lors, on connaît Dieu comme on
» connaît le monde. La sensation donne à la
» connaissance du monde une base expéri-
» mentale, mais obscure et confuse ; la rai-
» son y ajoute ses clartés.

» De même, le sens divin donne une base
» expérimentale à la connaissance de Dieu,
» mais obscure et confuse et la raison y
» ajoute ses clartés... Ajoutons ces clartés
» au sens obscur ; que la raison procède se-
» lon sa loi ; alors la véritable démonstration
» de l'existence de Dieu, rationnelle et ex-
» périmentale, idéale et réelle, certaine
» comme l'expérience, rigoureuse comme la

» géométrie, belle comme la poésie, simple
» comme l'intuition, vivante comme la prière,
» est opérée dans l'âme [1]. »

Qu'on se garde bien d'ailleurs d'attribuer ici au P. Gratry une innovation téméraire ou un retour à cette philosophie de l'école d'Alexandrie dont les faux mystiques se sont prévalus pour rendre inutile l'exercice normal et nécessaire de la raison et de la liberté, et leur substituer cette dangereuse « extase » qui peut mener si vite aux abîmes du panthéisme

Toujours fidèle à sa méthode de trouver dans le concert des grands esprits un critérium de la vérité, il a pu appuyer cette théorie à l'autorité de Thomassin, résumant lui-même dans son admirable Théodicée les plus beaux enseignements de la sagesse antique et de ces Pères de l'Eglise qui, comme S. Grégoire de Nysse, S. Cyrille, S. Augustin, n'ont pas fait moins honneur à la philo-

---

1. *Connaissance de Dieu*, t. II, p. 21.

sophie qu'à la science des saintes Ecritures et des dogmes révélés [1].

Le mysticisme suspect, dangereux, contre lequel doit se tenir en garde la saine philosophie, c'est celui « qui supprime » dans l'homme la raison et n'y laisse que » le sentiment; qui non content d'attaquer » la raison s'en prend à la liberté, qui place » l'idéal de la vertu dans un entier et aveu- » gle abandon de soi-même, de sa volonté, » de tout son être, dans une contemplation » vide de pensée où la raison s'absorbe dans » le sentiment [2]. »

1. Outre le chapitre de la *Connaissance de l'âme* consacré à Thomassin, je renvoie ici à la thèse de Doctorat soutenue en Sorbonne par celui qui devait devenir peu de temps après, avec moi, un des tout premiers compagnons de l'abbé Pététot et de l'abbé Gratry dans l'œuvre de la restauration de l'Oratoire, Louis Lescœur. Cette thèse forme un volume in-8° qui a paru sous ce titre « *La Théodicée Chré-* » *tienne d'après les Pères de l'Eglise* ou Essai philosophique » sur le traité *de Deo* du P. Thomassin de l'Oratoire (Paris, Ch. Douniol 1852).

2. *Dictionnaire des Sciences philosophiques* rédigé sous la direction de M. Franck, membre de l'Institut, article *Mysticisme* textuellement emprunté à M. Cousin.

C'est dans ce même dictionnaire que se trouve sous la

Qu'on étudie à la lumière de cette définition toute l'œuvre philosophique du P. Gratry, et il sera facile de se convaincre que, loin de supprimer l'exercice de la raison et de la liberté dans la recherche de la vérité intellectuelle et dans les luttes de la vie morale, personne plus que lui peut-être n'a fait entendre à ses contemporains des accents plus persuasifs pour les presser de « réveiller » et d'exercer leur raison ; et dans ce but de lutter avec énergie, par un sain usage de leur liberté, contre toutes les causes d'erreur qu'engendrent les passions non réprimées.

VII

Toutefois, et de ce qu'il y a un mysticisme vrai et nécessaire qui, loin de diminuer

plume de M. Emile Charles, mort, il y a quelques années, Recteur de l'académie de Lyon, l'accusation de mysticisme dirigée contre le P. Gratry et à laquelle j'ai essayé de ré pondre (article *Gratry*).

l'activité propre de la raison, appuie ses recherches à un fait d'expérience psychologi-
que dont il lui appartient ensuite d'étudier
à fond la nature et la portée et de déduire
les conséquences ; mysticisme dans lequel le
P. Gratry se trouvait en communion d'idées,
non seulement avec Thomassin, auquel
il avait explicitement emprunté la théorie
du « sens divin » mais avec Bossuet et Fénelon, avec S. Anselme, S. Thomas d'Aquin
et S. Augustin ; mysticisme légitime dont il
ne serait pas difficile de retrouver les origi-
nes dans Platon, il importe de marquer très
précisément les limites qui séparent les deux
ordres de connaissance et de ne pas confon-
dre avec les opérations de la vie surnaturelle
de la grâce, les ressources et les fonctions
normales de la saine raison agissant dans la
sphère de ses attributions et de ses pouvoirs
naturels.

Le P. Gratry n'a pas méconnu la distinction
fondamentale des deux ordres, ni non plus
étouffé la libre et légitime évolution de la
philosophie sous le poids des dogmes révélés.

Il suffira, pour en être convaincu, de lire avec attention la seconde partie de son livre de *la Connaissance de Dieu*, le résumé de la théorie qu'il a empruntée à S. Thomas d'Aquin sur les deux degrés de l'intelligible divin, et les chapitres dans lesquels il a exposé les rapports de la raison et de la foi.

La philosophie, la vraie philosophie, a un tout autre but que de satisfaire la curiosité de l'esprit. Elle doit être un effort vigoureux et systématiquement ordonné pour conduire l'âme à la sagesse totale « celle qui » cherche la religion, quand elle en est » privée, et qui la glorifie dès qu'elle la » trouve [1]. »

Non assurément la raison naturelle n'a pas besoin du secours de la foi pour s'élever à la connaissance de la Cause première, source de la vie universelle, ni pour déduire de l'existence de l'Etre infini ses attributs essentiels d'unité, d'immutabilité, de toute-puissance, d'éternité, de justice, de beauté et de bonté.

1. *Connaissance de Dieu*, t. II, p. 173.

S. Thomas d'Aquin, le prince de la théologie, a réfuté longuement, et l'Eglise, en plusieurs de ses conciles généraux, a formellement condamné l'erreur de ceux qui soutiennent que l'existence de Dieu ne peut être trouvée que par le secours de la foi [1]. Elle a même voulu, dans sa haute sagesse, que ces droits de la raison naturelle fussent inscrits en tête du livre rédigé par l'ordre des Pères du Concile de Trente sous le titre de catéchisme, qualifié récemment par Léon XIII de « livre d'or [2] », et où se trouvent condensées et présentées dans un ordre admirable toute la dogmatique et toute la morale du christianisme.

Mais la raison, même la plus développée et la mieux dirigée, a ses bornes qu'elle ne saurait franchir, si elle est abandonnée à ses seules forces. En outre, dans sa sphère légitime d'action, elle est en un perpétuel contact, et souvent en conflit, avec des influences

1. Concile du Vatican, Constitution dogmatique et canons sur la révélation, la foi, etc.

2. Encyclique au clergé de France du 8 septembre 1899.

sensibles ou passionnelles qui deviennent aisément pour elle des causes d'erreur. Les hommes, a très justement dit Fénelon, « n'ont pas assez de force pour suivre toute » leur raison. Une philosophie naturelle » qui, sans préjugé, sans impatience, sans » orgueil, irait jusqu'au bout de la raison » purement humaine, est un roman de phi- » losophie [1]. »

Ainsi, d'une part, même dans l'ordre des vérités naturelles, la raison ne peut pas tout, parce qu'elle a en elle-même, ou rencontre tout près d'elle, des causes d'ignorance.

De plus, et alors que, au prix d'une discipline très exacte et très rigoureuse, elle triompherait de tant d'obstacles accumulés, ses travaux et ses conquêtes ne donneraient pas encore pleine satisfaction au désir de savoir, qui fait tout à la fois sa noblesse et son tourment.

« La connaissance naturelle de Dieu, dit » S. Thomas d'Aquin, ne satisfait pas le désir

---

1. Fénelon. *Lettre 6ᵉ sur la Religion.*

» naturel des âmes. » Au contraire, cette connaissance les excite à désirer la vue de la substance de Dieu. Connaître à fond, c'est connaître d'une chose ce qu'elle est. Notre naturel désir de « connaître n'est donc pas » satisfait quand nous savons seulement que » Dieu est : nous voulons encore connaître » Dieu par son essence. »

Mais ce désir, purement naturel, est encore par lui-même indirect, négatif, impuissant à introduire l'âme dans la connaissance des vérités qui dépassent absolument les forces de toute nature créée.

Tel quel cependant, il suffit à produire dans l'âme une très salutaire impression de vide, une conscience de son ignorance et de sa misère, une prédisposition à se mettre en état de recevoir ce qui lui manque, et tout d'abord d'en sentir le besoin.

On voit par là combien est contradictoire à la constitution de notre nature bien connue et en opposition avec cet instinct inné, la complaisance orgueilleuse d'une raison fière de sa puissance, pleinement satisfaite de ce qu'elle trouve en elle-même et obstinément renfermée dans son étroit domaine.

De ce que la nature nous a donné des yeux pour voir les objets placés à une certaine distance de nous, il ne s'ensuit pas que l'astronome ait tort de recourir au télescope, sans lequel il lui serait impossible d'apercevoir les astres qui brillent et se meuvent dans des profondeurs inaccessibles à nos organes visuels. A son tour, l'astronome aurait tort de prétendre que le télescope est l'instrument indispensable à tout degré de vision.

De même, il y a deux degrés de l'intelligible divin — celui que peut atteindre la raison et celui qu'on ne peut atteindre que par la foi et avec le secours de la grâce.

Dans le premier degré de l'intelligible, la raison a sa sphère propre et sa perfection relative. Mais elle ne saurait y avoir par elle-même son entier développement naturel. Elle n'a sa perfection dernière, pleine, totale, que lorsque, aidée, soulevée pour ainsi dire au-dessus d'elle-même, elle arrive jusqu'à la hauteur du second degré, et est rendue capable d'y pénétrer.

« C'est une grande faute à la raison de re-
» jeter la lumière surnaturelle de la foi. Cela
» est contre le devoir de la raison. La raison
» par ses propres lumières naturelles, ne
» voit-elle pas ses bornes et son imperfection?
» N'est-elle pas forcée d'avouer qu'elle ne
» voit pas l'essence et la substance du vrai?

» Peut-elle soutenir que, quand elle con-
» çoit les vérités abstraites qui forment son
» domaine, elle voit Dieu en lui-même? De
» quel droit nierait-elle qu'il puisse y avoir
» quelque autre lumière supérieure à sa
» propre lumière? Comment soutiendrait-elle
» que Dieu ne peut élever l'intelligence créée
» jusqu'à la vue de la substance et de l'es-
» sence du vrai, jusqu'à la vue de Dieu[1]? »

Et, tout au contraire, si elle recherche loyalement la vérité; si elle a soin de se maintenir dans les conditions morales qui viennent en aide au travail de l'intelligence en

1. *Connaissance de Dieu*, t. II, p. 357.

la dégageant de la servitude des sens et des passions, n'augmente-t-elle pas en elle-même le besoin de savoir plus et mieux ; de voir, non seulement le reflet de la vérité, mais la vérité elle-même dans son essence ?

Ainsi donc, à mesure qu'elle grandit, « la » lumière naturelle de la raison excite une » soif plus ardente de la vérité même, dont » les rayons de plus en plus nombreux dans » le miroir de l'âme, y allument le désir de » la réalité pleine, substantielle, vivante [1]. »

Telle est la conclusion légitime du travail opéré par la saine raison, instrument nécessaire de la philosophie. Mettre ce point en pleine lumière, c'est rendre à la philosophie un service de premier ordre, et au lieu de la réduire au rôle de servante, l'associer pour ainsi dire, mais en la subordonnant, à la puissance supérieure qui, dans la personne de nos grands docteurs et de nos saints a tant honoré la raison humaine. N'est-ce pas un de nos maîtres du moyen-âge qui, au XIe

____

1. Ib. ib., p. 303.

siècle, cent ans avant S. Thomas, a été l'initiateur du mouvement scolastique et le premier de tous les philosophes qui ait manié méthodiquement l'idée de l'infini, préludant ainsi aux magnifiques travaux de Leibniz?

Rien n'exprime mieux les rapports réciproques de la raison et de la foi, rien n'affirme plus nettement les droits intangibles de la première et ne démontre aussi plus fortement son infirmité native et l'instinctif besoin qu'elle a d'une source plus abondante de connaissance que cette page de S. Anselme qui fait la conclusion de son *Proslogium* :

« As-tu trouvé, mon âme, tout ce que tu
» cherchais? Tu cherchais Dieu. Tu as trouvé
» que Dieu est l'Etre, tel qu'on n'en puisse
» concevoir de plus grand.

» Mais si tu l'as trouvé, pourquoi ton cœur
» ne sent-il pas le grand Dieu que tu as
» trouve? Pourquoi, ô Dieu, pourquoi mon
» âme ne te sent-elle donc pas, si mon âme
» te possède? n'aurait-elle pas trouvé celui
» qu'elle reconnaît être lumière et vérité?
» Mais si elle a vu la lumière et la vérité,

7.

» elle t'a vu... Mais peut-être ce qu'elle a vu
» est bien lumière en vérité, quoiqu'elle ne
» l'ait pas encore vu toi-même. Elle t'a vu,
» mais d'une certaine manière — mais non
» tel que tu es... Je ne vois donc pas la lu-
» mière inaccessible où vous habitez. Elle
» me dépasse; il n'y a point de proportion
» entre elle et moi; et cependant, je vois par
» elle tout ce que je vois; — de même que
» mon faible regard voit par la lumière
» du soleil tout ce qu'il voit, quoiqu'il ne
» puisse regarder la lumière dans le soleil
» même [1]. »

La science de Dieu, acquise par la raison,
est donc une vue encore énigmatique, mé-
diate et indirecte.

Mais, provoquée par une sorte d'instinctive
et sourde excitation, la raison éprouve le besoin d'une vue directe de cette vérité qui est
Dieu. Ainsi les captifs de Platon, voyant reflé-

---

1. S. Ans. *Proslogium, XIV*. Ce chapitre sur S. Anselme
ne se trouve pas dans les trois premières éditions de la
Connaissance de Dieu. Il a été écrit par l'auteur pour la
quatrième édition et reproduit dans toutes celles qui suivent.

tées sur les parois de la caverne où ils sont détenus les silhouettes des êtres qui vivent et se meuvent en dehors de leur prison, font effort pour se retourner vers l'ouverture d'où vient la lumière et y sont provoqués par le désir d'apercevoir ces êtres eux-mêmes, et non pas seulement leurs images et leurs ombres.

En outre, quand l'intervention de la foi a rendu l'âme capable d'appréhender ces vérités supérieures qui dépassent sa portée naturelle, elle fait preuve de grande sagesse quand elle applique toutes ses énergies à scruter le plus avant possible ces mêmes vérités.

Ainsi, tout se ramène à cette simple et lumineuse formule que tous les amis sincères de la sagesse, c'est-à-dire tous les vrais philosophes, devraient emprunter à S. Anselme; *Intellectus quærens fidem; fides quærens intellectum* [1].

—

1. Il est intéressant de savoir que S. Anselme a écrit son *monologium* (ou l'intelligence à la recherche de la foi) pour ses religieux qui lui avaient demandé des méditations pure-

Toute l'œuvre philosophique du P. Gratry n'a été qu'une application de cette méthode où les droits de la raison sont si scrupuleusement respectés, ce qui exclut l'accusation de mysticisme, en tant que le mysticisme serait une absorption indiscrète de l'autonomie légitime de la raison et une confiscation de ses droits, et où, en même temps cette raison qui s'applique à la recherche de la vérité, est rappelée à la conscience de son infirmité et invitée à monter plus haut, non pas en se confiant à elle-même, mais en acceptant avec une humble reconnaissance le secours d'une puissance supérieure. Ici encore, une parole de l'Evangile qui revenait fréquemment sur les lèvres du P. Gratry, se trouve être l'exacte et belle formule des relations de la raison et de la foi, *amice, ascende superius* [1]. Loin de traiter la raison en en-

ment philosophiques où rien absolument ne reposât sur l'autorité de la sainte Ecriture, mais où tout s'appuyât sur l'évidence de la vérité et les conclusions nécessaires de la raison. (P. Gratry. *Connaissance de Dieu.* 4e édition, chapitre sur S. Anselme, p. 435 et suiv.)

1. *Luc.* XIV, 10.

nemie ou en vassale méprisée, la foi la regarde comme une amie dont elle désire procurer l'élévation et le bonheur. Non seulement elle ne l'injurie pas et ne lui ordonne
pas avec sévérité de se tenir au dernier rang :
au contraire, elle cherche à l'honorer en lui
tendant la main pour l'aider, malgré sa pesanteur, à monter avec elle jusqu'aux plus
hautes régions de l'intelligible.

User sainement de la raison, soit avant le
don de la foi, pour ne demeurer pas incapable de le recevoir ; soit, après l'avoir reçu,
afin d'exploiter les inappréciables trésors
qu'elle renferme et en faire bénéficier la vie,
dans tous les détails de ses mouvements, de
ses fonctions, de ses relations : voilà bien la
sagesse et, par conséquent, la vraie philosophie.

VIII

J'indiquerai seulement ici, sans entrer

dans aucun développement, une théorie chère au **P. Gratry**, à laquelle il a donné une place assez considérable dans sa logique. Il faudrait être mathématicien pour en parler avec compétence ; et, malheureusement, si je m'honore d'avoir été un disciple du Père, j'ai à m'humilier de ce que je n'ai pu réaliser pratiquement ses conseils au sujet de la science comparée et de la connaissance des sciences exactes.

Après avoir exposé, d'après tous les maîtres, dont Aristote est le plus ancien et non le moins puissant, le procédé fondamental de la déduction, en vertu duquel l'intelligence fait sortir d'un principe évident par lui-même ou d'une vérité conquise par la réflexion, d'autres vérités, le **P. Gratry** a mis en lumière un autre procédé — celui d'induction, — qu'il appelle aussi le procédé dialectique, par opposition au procédé syllogistique ; ou encore « procédé infinitésimal ».

Le premier a pour fonction de déduire des conséquences renfermées dans une vérité préalablement connue ; il va du même au même et, s'il enrichit la raison, il ne peut l'élever au dessus de son point de départ.

Le procédé dialectique — ou, d'induction — ne prend son point de départ que comme un point d'appui, une base d'élan, pour monter jusqu'au principe universel. On oppose souvent Aristote à Platon, comme si le premier n'avait connu et décrit que les lois du procédé syllogistique, et le second seulement les lois de la dialectique inductive. La vérité est que tous les deux ont très nettement indiqué les deux procédés et fait connaître leur différence [1]. Au xviie siècle, Kepler et Leibniz ont appliqué le procédé d'induction, le premier à l'astronomie, le second aux mathématiques pures ; et c'est par là qu'ils ont enrichi les sciences de théorèmes que le seul emploi de la méthode géométrique ou déductive n'aurait jamais trouvés.

Fontenelle a dit de Leibniz que sa découverte — ou l'application du calcul infinitési-

_____

1. *Logique*, t. II, pages 7, 16, 17, 105

mal aux mathématiques, a porté « nos con-
» naissances jusque dans l'infini et presque
» au delà des bornes de l'esprit humain —
» du moins infiniment au delà de celles où
» était renfermée l'ancienne géométrie. »

Il ajoutait :

« C'est une science toute nouvelle, née de
» nos jours, très étendue, très subtile, *très*
» *sûre*. Les solutions les plus élevées, les plus
» inespérées naissent sous les pas de ceux
» qui la pratiquent [1]. »

Mais en quoi, au juste consiste le procédé
inductif, quelle application peut-on en faire
aux recherches de la philosophie?

Quand par le labeur discursif, la raison a
trouvé les propriétés du fini, du divisible, du
discontinu, elle cherche les propriétés cor-
respondantes que supposent dans l'infini ces
propriétés du fini. D'où cette formule leibni-
zienne : « Pour passer du fini à l'infini, il
» suffit d'anéantir dans toutes les proprié-
» tés du fini ce qui constitue le caractère

1. P. Gratry, *Logique*, t II, p. 93.

» même du fini ; ce qui reste est vrai dans
» l'infini. »

En géométrie, cette règle se vérifie toujours par ses applications. Par elle, on résout, et avec une facilité merveilleuse, des questions que tout autre procédé est impuissant à résoudre ou ne résout que péniblement et lentement [1].

Son application à la métaphysique n'est ni moins légitime, ni moins féconde. Pour connaître Dieu, a dit excellemment S. Thomas d'Aquin concentrant pour ainsi dire en lui-même le génie d'Aristote et celui de Platon, il faut d'abord user d'un procédé d'élimination, non pas en niant ce qu'il y a d'être, de beauté, de bien dans les créatures, mais au contraire, en niant ce qu'elles ne sont pas ; puis, par l'induction dialectique, aller de la connaissance de ce qu'elles sont avec leurs limites et leurs imperfections jusqu'à celui qui est l'être sans limites et sans imperfections, parce qu'il est infini dans tous les sens [2].

1. Ib. pages 99 et 100.
2. *Logique*, t. II, p. 102, 284.

Le P. Gratry s'est emparé de cette méthode, et voici en quels termes il la recommande à ceux qui veulent avancer dans l'étude de la philosophie : « Par les phénomènes, on » s'élève à quelque connaissance des idées, » idées humaines qui sont les vrais reflets » de celles qui sont en Dieu. Les choses vi- » sibles représentent les perfections de Dieu, » sa puissance éternelle et sa divinité ; les per- » fections de Dieu sont celles de nos âmes, » moins les limites ; tout ce qu'il y a en toute » créature d'être, de bonté, de perfection, tout » cela est en Dieu souverainement, infini- » ment : dès lors, pour connaître ce qui est » en Dieu, il ne faut pas nier ce qui est dans » les créatures, mais l'affirmer infiniment, » en niant, non ce qu'elles sont, mais ce » qu'elles ne sont pas, comme l'enseignent » avec Platon et après S. Thomas d'Aquin, » Descartes, Fénelon, Malebranche, Bos- » suet, Leibniz : tout cela malgré l'assertion » contraire des sophistes, assertion qui les » mène au néant, toute cette méthode de » connaissance de l'infini est aujourd'hui

» montrée certaine comme la géométrie.

» Par cela seul qu'il y a quelque part quel-
» que trace, quelque idée de beauté, de bonté,
» d'intelligence, d'amour, de perfection et de
» bonheur, il est certain qu'on doit pousser
» à l'infini toutes ces idées, et affirmer l'exis-
» tence actuelle, éternelle, infinie, de leur
» réalité. Ni le cœur ni l'imagination ni la
» prière ne peuvent aller trop loin. Tout est
» encore plus beau que ce qu'on rêve ; tout
» est encore plus grand que ce qu'on croit [1]. »

IX

Mais si le P. Gratry s'est attaché avec une
complaisance particulière à mettre en relief
le procédé inductif, à exalter les services
signalés rendus par lui à la recherche de la
vérité, services qui s'autorisent bien haut des
noms de Platon, de S. Augustin, de Leibniz,

1. *Logique,* t. II, 283, 284.

est-il vrai qu'il ait fait bon marché de la méthode syllogistique, si rigoureusement employée par Aristote et par S. Thomas d'Aquin ? A-t-il supprimé de la logique l'étude des lois et du mécanisme de cet instrument de la pensée ? Est-il exact de dire qu'il a voulu remplacer la lente, mais sûre élaboration résultant de l'emploi légitime du syllogisme par « le bond, le saut, l'élan, qui fe- » rait retomber la pensée dans le vide[1] ? »

L'étude du syllogisme et de ses lois ne tient pas moins de cent quarante pages continues dans le premier volume de la Logique (c'est-à-dire le tiers du volume). Voici d'ailleurs en quels termes le P. Gratry s'explique sur ce procédé de la raison, appliqué à l'étude de la vérité. On verra s'il est vrai de dire qu'il l'a traité avec dédain.

---

1. L'auteur de ces étranges accusations s'est servi d'une comparaison que j'hésite à transcrire. Je m'y décide cependant, et en renvoie la responsabilité à qui de droit : « Le » « saut » de Gratry est un saut dans le vide ; il ressemble » au saut du clown, qui traverse un disque de papier pour » tomber sur un cheval qu'il ne rencontre pas toujours » (!!!) P. At. — L'Univers du 18 sept. 1859.

« L'oubli ou plutôt l'ignorance de toute
» forme syllogistique est aujourd'hui une
» source d'abus et d'inconvénients innom-
» brables dans la vie publique et privée,
» dans l'enseignement, dans l'étude solitaire,
» dans la littérature, à la tribune et dans la
» presse. La raison est à chaque instant in-
» sultée, foulée aux pieds, dans l'absence de
» ces formes protectrices. De cette source
» découlent peut-être plus de préjugés, de
» malentendus, de colères qu'on ne pense.

» Il est donc bon de reprendre partout,
» dans l'enseignement l'étude et la pratique
» du syllogisme et ses règles [1]. »

Un peu plus loin : « La théorie du syllo-
» gisme est un des travaux les plus ingé-
» nieux, les plus curieux et les plus rigou-
» reusement exacts qu'ait produits la phi-
» losophie.

» C'est une théorie faite comme la géomé-
» trie; elle n'a pas varié depuis Aristote et
» ne peut varier [2]. »

---

1. *Logique*, t I, p. 274.
2. Ib. p. 275.

Le P. Gratry emprunte ensuite et successivement à S. Thomas d'Aquin, à la logique de Port-Royal, à Bossuet, à Euler, au dominicain Goudin, commentateur de S. Thomas, et à Mgr Doney, évêque de Montauban, l'exposé des règles du syllogisme; après quoi, il conclut en disant que « le syllogisme ré- » pond à une vérité absolue, à une loi éter- » nelle en Dieu [1] » et il montre par des raisonnements d'une grande profondeur, et que je n'essaie pas de résumer ici, comment « la véritable essence du syllogisme consiste » à chercher l'identité réelle au sein de dif- » férences réelles; à voir la consubstantialité » dans la distinction et la distinction dans la » consubstantialité [2]. » D'où il suit que le syllogisme, employé comme il doit l'être et conformément à ses lois organiques, est un préservatif efficace contre les erreurs du panthéisme, du quiétisme, et une sorte d'acheminement et de préparation rationnelle à la vérité fondamentale de la foi chrétienne

1. Ib. ib. p. 364.
2. Ib. ib. p. 370.

qui établit en Dieu la pluralité des personnes et l'unité d'essence, la formule même du syllogisme étant identique à celle du dogme de la Trinité. *Tres unum sint* [1].

Quant à savoir si l'autre procédé fondamental de la raison, n'est autre chose qu'un « saut et un élan dans le vide » le contradicteur du P. Gratry aurait dû, pour être complet, mettre en cause avec lui Platon, Kepler, Leibniz, lesquels ont appliqué avec tant de succès la méthode dialectique à la philosophie et aux sciences.

Comment cet élan est possible ; de quelle façon, au lieu de laisser l'âme retomber lourdement dans le vide, il lui donne pour ainsi dire des ailes et lui permet d'atteindre l'Etre des Etres, et en Lui les idées éternelles, les types absolus de la vérité, de la beauté, du bien : Platon l'avait indiqué en termes admirables. Il frayait ainsi le chemin sur lequel, plus tard, avec des ressources nouvelles et autrement puissantes, devaient s'engager et

1. Ib. ib. p. 394.

le dépasser S. Augustin, S. Thomas d'Aquin, S. Bonaventure et les maîtres de la philosophie chrétienne au xviie siècle.

Pour lancer l'esprit à partir de toutes choses vers l'Etre même, il faut que l'œil de l'âme soit fixé sur le monde d'en haut. Mais, parce que l'œil de l'âme, trop souvent arrêté sur les choses d'en bas ne change sa direction qu'avec l'âme tout entière, c'est elle qu'il faut retourner, à partir de ce qui naît et meurt, afin qu'elle puisse s'élever à l'Etre même. Avant toute chose donc, il est nécessaire de retrancher l'obstacle, de couper les liens. Toutefois, cela ne suffit pas et il faut encore une force qui donne l'élan. Cette force consiste en un don divin qui habite le centre de l'âme, l'élève au-dessus de la terre et lui donne des ailes [1].

Un penseur chrétien de nos jours, enlevé prématurément à la science, à la défense courageuse de la vérité, à l'action puissante et bienfaisante sur l'élite de notre jeunesse,

1. *Logique*, l. III, 13, 14. Les textes de Platon sont tirés de la République.

Léon Ollé-Laprune, a caractérisé dans les termes suivants, par lesquels je suis heureux de conclure ce chapitre, le rôle et la portée philosophique du P. Gratry :

« Qu'est-ce que, dès l'âge de dix-huit ans,
» veut et voit Alphonse Gratry? Il voit que
» la vie n'a en définitive qu'une raison d'être
» et qu'un but : unir les hommes à Dieu et
» entre eux; il veut ôter l'obstacle à l'union,
» le double obstacle, l'erreur et l'égoïsme.
» Et il compte réussir. Cette vue, cette am-
» bition, cette espérance : c'est lui tout en-
» tier. Qu'est-il, sinon un homme qui voit
» cela, qui veut cela, qui espère cela : à
» savoir l'union des hommes à Dieu et entre
» eux, suprême idéal dont il faut faire et
» dont il est possible de faire une réalité
» croissante? Son rôle propre, c'est de dire
» ce qu'il voit, et ambitionne et espère. C'est
» donc par l'intelligence surtout qu'il opère,
» et c'est à l'intelligence qu'il s'adresse; son
» office à lui, c'est d'éclairer. Mais, notons-le
» bien, s'il a une tâche propre, il n'a pas
» « d'enseigne »; comme Pascal, il aurait

» horreur d'avoir une enseigne. Penser est
» son labeur, et, je reprends le mot son office;
» mais je ne dirai pas que c'est un penseur,
» si, être penseur c'est accomplir à part une
» fonction spéciale et se ranger comme dans
» une caste et avoir une étiquette restrictive
» ou un domaine où l'on se cantonne. Il
» pense, lui, avec son âme tout entière, et
» aussi, tranchons le mot, avec son corps; il
» pense avec son être tout entier. Il pense
» en faisant concourir à sa pensée et l'ima-
» gination et le sentiment, et d'une certaine
» manière, l'organisme même, car il pense
» en homme et humainement. Il pense en
» s'appuyant sur le sol qui le porte, en de-
» meurant en contact avec l'humanité dont
» il fait partie, avec les vivants, avec les
» morts : la pensée d'autrui, la pensée du
» genre humain, grâce à la parole, grâce à
» la tradition, lui sont présentes et entrent
» dans sa substance. Il pense enfin, attaché
» à Dieu, principe, soutien, lumière, règle
» de toute pensée. Aussi, comme il redoute
» et méprise « le penseur séparé ! » C'est, à

» ses yeux, un monstre. Comme il déteste « la
» spéculation isolée ! » C'est une folie ou
» un crime. Avec l'habitude qu'il a d'aller au
» fond des choses et d'en juger dans la lu-
» mière des idées essentielles, il déclare que
» prétendre penser tout seul et à partir de
» soi seul, c'est se faire centre et principe,
» c'est se faire Dieu. De l'ombre même de
» cela, il se garde : il est attentif à ne reje-
» ter aucune des ressources humaines, au-
» cune des ressources divines qui sont à
» la disposition de l'homme. Il travaille à
» déployer et à employer toute sa raison, à
» déployer et à employer toute sa foi. Chré-
» tien, il ne se sépare pas de lui-même ;
» comme il ne cesse pas d'être homme, parce
» qu'il est chrétien, il ne juge pas non plus
» que, pour être bien homme, il doive faire
» comme s'il n'était pas chrétien. Tout au
» contraire. Il ne met donc pas d'un côté
» sa raison et d'un autre côté sa foi : il es-
» time sa foi bonne pour penser, pour user
» de sa raison comme il faut et il laisse sa
» raison regarder respectueusement à sa foi

» et s'y mêler. Il va à la vérité totale avec
» l'âme totale, avec toutes les forces de
» l'homme; que dis-je? avec les forces mêmes
» de Dieu [1]. »

Cette appréciation si compétente de l'œuvre du P. Gratry faite par un professeur de l'université confirmait très bien le jugement que Mgr Sibour, archevêque de Paris, avait porté sur l'auteur de la *Connaissance de Dieu* et de la *Logique*.

Le 15 novembre 1855, il écrivait au P. Gratry une lettre d'où j'extrais ces deux lignes :

---

1. Léon Ollé-Laprune. Eloge du P. Gratry prononcé au collège de Juilly, le 8 février 1896. On peut bien dire que l'auteur s'est peint lui-même et a très exactement décrit dans cette page la méthode même dont il s'est servi pour faire de la philosophie, et à laquelle nous sommes redevables de ses Etudes sur Malebranche et sur la morale d'Aristote; de ses livres sur le prix de la vie, sur les conditions de la paix intellectuelle, sur la philosophie du temps présent. Sa parenté d'âme avec le P. Gratry (qu'il n'avait connu d'ailleurs que par ses ouvrages) a été fort judicieusement mise en relief par M. Albert Bazaillas, professeur de philosophie au collège Stanislas dans un article de la *Revue des Deux Mondes* (1er novembre 1899).

« Vous serez compté parmi les restaura-
» teurs de la vraie philosophie, celle qui
» s'inspire de Dieu et qui conduit à Dieu[1] ».

1. *Logique*, Préface de la 1re édition.

CHAPITRE III

LE POLÉMISTE

C'est par une polémique retentissante dont j'ai fait connaître plus haut l'origine et les circonstances et à laquelle je me suis efforcé de restituer son véritable caractère, que l'abbé Gratry, aumônier de l'Ecole normale, avait appelé sur lui l'attention du public et préludé à ses grands travaux de philosophie et d'apologétique religieuse.

Je ne reviendrai pas sur ce que j'ai dit de cette première bataille livrée par lui pour la défense du dogme chrétien et de la saine raison contre les attaques d'une science bien autrement redoutable que la critique superficielle et le persiflage de Voltaire.

I

Sans parler des chapitres de la *Connaissance de Dieu* et de la *Logique* où les nécessités du sujet faisaient à l'auteur une obligation de lutter à fond soit contre les tenants de l'athéisme et du panthéisme, soit contre les prétendus philosophes qui, de nos jours, ont entrepris de renverser de fond en comble les principes du raisonnement et de leur substituer une logique nouvelle dont le but explicite est de supprimer toute différence essentielle entre la vérité et l'erreur, le P. Gratry publia en 1864 et en 1869, deux volumes qui se rattachent par un lien très intime à celui qu'il avait écrit au moment de quitter l'aumônerie de l'Ecole normale.

Les Sophistes et la Critique suivirent de

très près la vie de Jésus de M. Renan. Avec une réfutation très serrée de ce triste et perfide roman, le livre contient une nouvelle exposition de l'Hégélianisme et de la fameuse thèse de l'identité des contraires, déjà relevée et stigmatisée dans la *Logique* [1].

Les dix-huit *Lettres sur la Religion*, dont trois parurent dans la *Revue des Deux Mondes*, mettaient de nouveau le P. Gratry aux prises avec son adversaire de la première heure. M. Vacherot venait de publier deux livres qu'il estimait sans doute devoir frapper des coups décisifs, l'un sur le théisme de la philosophie traditionnelle et l'autre sur la religion révélée [2].

D'ordinaire, les ouvrages de polémique ne survivent guère aux circonstances et aux conflits qui les ont provoqués. Sans doute, le public prend un vif intérêt à ces duels de la pensée, tant qu'il voit les adversaires croiser le fer et qu'il peut apprécier leur vaillance et leur dextérité soit dans l'attaque,

1. *Logique*, t. I. Livre IIe, ch. 1. *La logique du Panthéisme.*
2. *La Métaphysique et la Science. La Religion.*

soit dans la défense ; après quoi, son attention se porte sur d'autres spectacles, et les lutteurs de la veille rentrent vite dans l'oubli.

Il serait regrettable qu'il en fût de même pour les trois volumes dans lesquels le P. Gratry s'est montré polémiste de premier ordre par la vigueur de son argumentation, en même temps qu'un champion très habile et expérimenté de la philosophie rationnelle et du Christianisme.

L'heure n'est pas venue d'assimiler ces livres à ces armures du moyen-âge que l'on conserve dans les musées uniquement pour donner satisfaction à la curiosité des archéologues, mais qui ne sont plus d'aucun usage sur les champs de bataille. Les polémiques philosophiques et religieuses qui en ont déterminé la publication durent toujours et sont peut-être plus aiguës que jamais. Il est donc aussi opportun qu'au premier jour de les étudier et d'y apprendre de quelle façon il faut lutter contre des doctrines dont nous constatons tous les jours les pernicieux résultats

Oui, aujourd'hui, bien plus encore qu'en 1864, nous devons constater avec douleur et humiliation qu'il « y a dans une certaine » partie du monde pensant, une orgie intel- » lectuelle qui n'a pas d'analogue depuis » vingt siècles dans l'histoire de l'esprit hu- » main[1] ».

On en peut juger par le programme ré- digé, il y a bientôt quarante ans, par un des écrivains qui se donnaient mission d'accli- mater parmi nous la philosophie hégélienne.

« Les jugements absolus sont faux. Les » vérités n'ont plus qu'un caractère relatif.

» Au fond, il n'y a plus ni vérité ni erreur.

» Il faut inventer d'autres mots.

» Nous ne connaissons plus la religion, la » morale, les principes, mais des religions, » des mœurs, des faits.

» Nous expliquons tout et l'esprit finit par » approuver ce qu'il explique.

» Non seulement, tout est relatif — mais » tout n'est que relation : vérité féconde

____

1. *Les Sophistes et la Critique*, p. 8.

» pour la science. Le vrai n'est plus vrai en
» soi. Le vrai, le beau, le juste même se font
» perpétuellement.

» (Il est vrai) que les caractères s'affaissent
» pendant que les esprits s'étendent et s'as-
» souplissent. Mais aussi, quelle merveilleuse
» entente de l'histoire! [1] »

Effacer toute différence essentielle entre
la vérité et l'erreur, conduit logiquement et
très vite à supprimer toute distinction trop
tranchée entre le bien et le mal. Lorsqu'il
n'y a plus de règle fixe pour déterminer les
jugements de l'esprit, l'heure est proche où
l'on ne reconnaît plus de principes absolus
pour le gouvernement des consciences. —
C'est à chacun de se faire non seulement
sa logique ; mais son code de morale ; personne n'est plus justiciable, que de ses propres manières de voir les choses et de concevoir la vie — et même, nul n'est obligé
de se montrer fidèle à ses principes. « Au

____

1. Edmond Scherer, *Revue des Deux Mondes*, du 16 fév.
1861, cité dans les *Sophistes et la Critique*, p. 26.

» fond, et à le bien prendre, nul ne se con-
» tredit jamais [1]. »

C'est après avoir résumé ce *novum orga-
num* de la science critique armée en guerre
tout à la fois contre la religion révélée, et
contre les principes traditionnels de la philosophie, de la logique et même du commun
bon sens, que le **P.** Gratry écrivait cette page
à laquelle ont donné si terriblement raison,
particulièrement dans notre pauvre France,
tous les événements dont nous sommes depuis trente ans, les témoins désolés :

« Sans nul doute, répondait-il à l'auteur des
» lignes cité s plus haut, vous pourrez as-
» souplir bien des esprits, faciliter à bien
» des caractères le travail de l'affaissement.

» Vous pourrez faire beaucoup de mal et
» retarder de cinquante ans peut-être la paix
» intellectuelle, la renaissance des convic-
» tions. Pendant ce temps, les peuples souf-
» friront. Les grandes iniquités internationa-
» les profiteront de ce qu'il n'y a plus de

1. Id. ib.

» principes, mais seulement des faits. L'ordre
» et la liberté poursuivront leur sommeil.
» Mars, Vénus et Mercure verront grandir
» leur culte à un degré inconnu des anciens.
» Dans ces ténèbres d'ignorance et d'ini-
» quité, les âmes souffriront [1]. » Et il con-
cluait ce beau livre en jetant ce cri d'alarme :

« ... Oh ! qu'il est temps qu'on se réveille !
» oh ! qu'il est temps que la philosophie,
» c'est-à-dire la science d'ensemble et l'a-
» mour de l'entière vérité, renaisse dans
» notre Europe ! Voyez où les esprits descen-
» dent !... Méditez l'étonnant phénomène
» d'une renaissance de l'antique esprit des
» sophistes, recommençant après deux mille
» ans l'essai d'abolir la raison, de rendre
» fou l'esprit humain.

» ... Avouez que vous ne soupçonniez pas
» ces abîmes et comprenez qu'il est grand
» temps que l'indignation des esprits chasse
» ces ténèbres et redemande le jour [2]. »
L'indignation contre les systèmes qui font

1. *Les Sophistes et la Critique,* p. 33.
2. *Les Sophistes et la Critique,* dernière page.

la nuit dans les esprits et dans les cœu
par là même, facilitent et multipli
crimes intellectuels et moraux : le P. (
la ressentait très vivement et avait le d
la communiquer. Avec S. Paul, il est.
qu'elle fait partie de nos devoirs enve
vérité et de la tristesse que nous devons
sentir au plus intime de l'âme quand n
sommes témoins des violences qui lui s
faites par les passions injustes des homme

II

J'ai mentionné plus haut, mais d'un mot
seulement, une des œuvres polémiques du
P. Gratry qui, en une crise douloureuse et
périlleuse, rendirent un signalé service à
l'Eglise et aux âmes. Est-il nécessaire de
rappeler l'émotion produite dans notre so-

1. *Ecce hoc ipsum secundum Deum contristari vos, quantam in vobis operatur sollicitudinem, defensionem, indignationem* (II Cor. VII).

ciété française par la *Vie de Jésus* de M. Renan? Tout concourait à attirer l'attention du public sur ce livre. L'auteur avait été séminariste pendant plusieurs années et c'est à Saint-Sulpice qu'il avait appris l'hébreu avec les éléments de la théologie. Il s'était rendu lui-même en Palestine pour étudier sur place le cadre dans lequel s'était déroulée la destinée du jeune et intéressant Rabbi galiléen dont ses disciples avaient fait un Dieu. Enfin, il avait préludé à ce livre par d'autres ouvrages qui lui avaient conquis à juste titre la renommée d'écrivain doué d'un style fascinateur.

Le succès fut immense. En quelques semaines, les éditions de la *Vie de Jésus* se succédaient avec une sorte de rapidité vertigineuse. Tout le monde lisait le livre : tout le monde en parlait, beaucoup avec tristesse, quelques-uns peut-être avec découragement; un certain nombre avec un air de triomphe. Depuis Voltaire, aucun coup plus décisif n'avait été porté à la religion issue de l'Evangile et l'auteur avait cet avantage sur

Voltaire que, au lieu de procéder par moquerie, ce qui indispose vite les esprits sérieux, il affectait la prétention d'avoir résolu scientifiquement le problème complexe de la naissance et des développements de la légende chrétienne et que, sous sa plume enchanteresse, n'étaient ménagés au héros de cette légende ni l'admiration, ni la sympathie, ni rien de ce qui pouvait faire acclamer en Jésus le plus grand des mortels, et un homme vraiment divin.

Il n'était pas jusqu'à des personnes se croyant pieuses, qui ne trouvassent dans ce livre de nouveaux motifs de prodiguer à l'intéressante victime de Caïphe et de Pilate les témoignages de la plus tendre affection.

J'ai dit quelque part comment le P. Gratry voulut se préparer à rompre le prestige de cette dangereuse contrefaçon de l'histoire.

Il demanda parallèlement au savant M. le Hir, de la compagnie de Saint-Sulpice, ancien professeur d'hébreu de M. Renan au séminaire, à mon confrère de l'Oratoire, le P.

Louis Lescœur et à moi, de comparer dans le détail les assertions du texte avec les notes scripturaires placées au bas des pages.

Je n'épargnai pas ma peine à la tâche qui m'avait été confiée et je vérifiai dans la Bible, sans en omettre un seul, tous les textes cités par M. Renan [1].

A l'aide de ces confrontations, il fut aisé au P. Gratry de montrer avec quel sans-gêne l'auteur de la *Vie de Jésus* avait traité les textes évangéliques; comment, tantôt il les avait capricieusement pliés à une idée préconçue et systématiquement hostile au surnaturel, tantôt interprétés dans un sens directement contraire à l'acception grammaticale des mots grecs ou latins; tantôt fait servir successivement à soutenir des thèses diamétralement opposées.

Voici un des exemples les plus étonnants de cette manière d'alléguer ou d'interpréter les textes.

Après avoir affirmé que « Jésus n'avait

1. Voir mon livre sur les funérailles et la mort de M. Renan, Paris, 1892, p. 6.

» pas eu la moindre notion d'une âme sépa-
» rée du corps » [1], M. Renan justifiait cette
assertion extraordinaire par le verset 28 du
chapitre Xe de S. Mathieu, lequel énonce
cette distinction en termes formels puisqu'il
rapporte cette parole du Sauveur « ne crai-
» gnez pas ceux qui tuent le corps, mais
» qui ne peuvent pas tuer l'âme. » (S. Mathieu x, 28.)

Après avoir relevé avec une bien légitime
sévérité ce mépris audacieux des règles les
plus élémentaires de la probité intellectuelle
en matière de critique, le **P. Gratry** ajoutait :

« Comment travaillent donc ces hommes?
» Qu'ont-ils sous les yeux de l'esprit lors-
» qu'ils affirment? Le hasard est-il donc le
» seul maître de leur parole? ou bien, sont-
» ils victimes d'une sorte d'instinct physique
» qui les pousse à parler? Au fond, leur but,
» ou plutôt leur instinct est d'enseigner
» qu'il n'y a rien, ni Dieu, ni âme, ni bien
» ni mal, ni vrai ni faux. Pour tendre à éta-

1. E. Renan, *Vie de Jésus*, 1re Edition, p. 128.

» blir qu'il n'y a pas d'âme, l'écrivain au
» milieu de son écriture, trouve saillant d'af-
» firmer que Jésus-Christ n'a pas la moindre
» notion d'une âme séparée du corps. Mais
» il n'a pas achevé d'écrire que l'assertion
» se brise comme verre contre le texte. Que
» lui importe? Il dira autre chose ailleurs [1] ».
» Cet écrivain écrit l'histoire malgré les
» sources [2]... Son livre est donc un roman
» historique? Non, c'est un roman non his-
» torique. M. Renan ne s'est même pas sou-
» mis à la loi du roman historique. Walter
» Scott, en effet, décrivant quelque part sa
» méthode annonce que d'abord, il respecte
» les faits connus, qu'il les emploie et puis
» que, dans les intervalles libres des données
» de l'histoire, il brodera son poème par art.

» Est-ce là la méthode suivie dans la *Vie*
» *de Jésus*? En aucune sorte : l'auteur avoue
» qu'il fait une œuvre d'art.

» Il avoue qu'une part de divination et de
» conjecture doit lui être permise. J'y con-

1. *Les Sophistes et la Critique*, p. 135.

» sens. Walter Scott avoue la même chose,
» mais seulement pour l'intervalle libre des
» faits. M. Renan, lui, étend ses *conjectures*
» et sa *divination* non seulement sur les in-
» tervalles laissés libres par les constructions
» de l'histoire, mais sur les constructions
» elles-mêmes, sur le dos des faits et des tex-
» tes, sur eux, contre eux et malgré eux.
» Les textes donnés par lui comme authen-
» tiques, les mêmes chapitres, qu'au même
» endroit il cite comme faisant loi sur d'autres
» points, il les brave d'une manière absolue
» quand il le veut, et cela sans même essayer
» d'apporter une raison, un motif quelcon-
» que pour colorer l'audacieux arbitraire des
» plus surprenantes assertions. Il n'existe
» rien de pareil dans la littérature tant an-
» cienne que moderne. [1] »

L'incontestable, l'immense émotion produite il y a trente-sept ans par la publication
d'un livre dont l'auteur avait cru faire un
cinquième Évangile, destiné à remplacer pour
jamais les quatre Évangiles traditionnels,

____

1. Ib. ib. p. 169.

s'est calmée plus vite qu'on ne l'avait pensé.
Sans doute, ce livre a pu avoir sa part dans les
développements de l'incrédulité contemporaine. Mais, en définitive, il a eu la destinée
éphémère d'un roman sensationnel, auquel
les maîtres de la critique la plus ouvertement hostile à notre foi ont dénié tout caractère, toute valeur scientifique [1].

1. Voici ce qu'écrivait dans la *Gazette d'Augsbourg* un
critique allemand, le Dr Keim, appartenant à l'école rationaliste de Tubingue. « Ce livre (*la Vie de Jésus*) est un ro-
» man... écrit avec rapidité. pour amuser sur un terrain
» saint un public de profanes... Sur toutes les questions
» graves, le livre est nul scientifiquement... Au lieu de flat-
» ter les esprits blasés, de contrister les croyants, et *d'ou-*
» *trager la science, je parle de la science libre*, que M. Renan
» se remette au travail avec conscience et recueillement...
» Alors, il pourra obtenir son pardon des amis de l'histoire
» véritable qui, aujourd'hui, rient de son triomphe (*Gazette*
» *d'Augsbourg* des 15, 16 et 17 septembre 1863.) »

Le savant orientaliste et hébraïsant Ewald, auteur d'une
histoire du Christ où, sur plus d'un point il s'est inspiré
du protestantisme et du rationalisme, jugeait ainsi la *Vie
de Jésus* et son auteur :

« M. Renan n'a pas su se placer à la hauteur de son sujet,
» et, — de ce vrai point de vue, contempler et d'écrire avec
» calme, je ne dis pas l'incomparable sublimité de cette
» histoire, mais seulement sa manifeste et simple vérité. »
... Il lui a manqué l'idée mère qui seule aurait pu lui

Il se peut faire cependant que quelques imaginations juvéniles dans lesquelles le pittoresque et le sensible l'emportent sur les exigences austères de la logique et du raisonnement se laissent influencer momentanément par la vie de Jésus. Si elles veulent être loyales dans une étude qui touche à de si grands intérêts, je ne leur dirai pas de « prendre la peine » mais de se donner le plaisir intellectuel très vif et du meilleur aloi de lire le petit volume du P. Gratry[1]. Elles n'iront pas jusqu'au bout sans avoir applaudi dans cette œuvre de polémique le triomphe du bon sens et de la vraie critique mise au service de la vérité.

» apprendre à connaître et à décrire le Christ tel qu'il est,
» dans sa sublime grandeur et sa pleine vérité historique ».

« Dans cette histoire, d'une pureté et d'une sublimité in-
» comparables, il a mêlé les pensées et les imaginations les
» plus fausses, les plus basses, et, disons-le, les plus indi-
» gnes ». (*Revue savante de Gottingen*. 5 août 1863.)

1. Je dis « petit volume » parce que le P. Gratry eut l'heureuse idée d'extraire des *Sophistes et la Critique* toute la polémique relative au livre de M. Renan et de la publier sous ce titre « Jésus-Christ, réponse à M. Renan ». Ce volume in-32 de 172 pages eut très rapidement plusieurs éditions.

III

J'ai hâte d'ajouter que si le P. Gratry a eu pour son propre compte, et s'il a su inspirer aux autres

> . . . . les haines vigoureuses
> Que doit donner (l'erreur) aux âmes vertueuses [1].

il a toujours, avec le plus grand soin, sauvegardé la charité à l'égard des personnes. Je tiens à mettre en relief cette note très caractéristique de sa polémique contre les erreurs contemporaines. Elle est un des traits les plus marqués de sa physionomie morale : elle fait connaître tout à la fois l'homme et le prêtre, animé du véritable esprit de Jésus-Christ. L'homme ne se faisait pas d'illusion sur les résultats immédiats et les plus ordinaires de la polémique. Dès son premier écrit en ce genre, il avait dit très finement :

—————

1. Le *Misanthrope,* acte Iᵉʳ, scène Iʳᵉ (Molière dit « le vice »).

« Qu'est-ce que la polémique et à quoi
» sert-elle?

» La polémique, guerre des esprits, sert,
» chacun le sait, à rendre de notre avis ceux
» qui sont de notre avis et à repousser vers
» l'avis contraire ceux qui sont de l'avis
» contraire.

» Elle opère ce qu'a dit Plaute avec une
» ironie si profonde : Peu à peu, mon esprit
» en vint à être de mon avis :

*Paulatim animus meus accessit ad senten-
tiam meam.*

... Cela veut dire que la polémique dé-
» mêle les hommes et les idées..... Il faut
» démêler les idées et les hommes, en ra-
» menant chaque homme à son drapeau et
» chaque idée à son principe.

» C'est ce que fait la polémique. Elle ne
» change pas plus les hommes qu'elle ne
» change les idées; mais elle les démêle et
» les range [1]. »

La polémique a donc une grande mission

1. *La Sophistique contemporaine*, p. 253.

à remplir, elle n'est pas seulement utile, elle est nécessaire.

« Et pourtant, il faut l'avouer : la guerre
» est toujours triste. On peut parler froide-
» ment de la séparation des idées en deux
» camps, dont l'un possède la vérité et l'au-
» tre nie. Mais peut on parler froidement de
» la séparation des hommes en deux camps
» irréconciliables ? [1]. »

Aussi, au plus fort même des luttes inévitables l'indignation nécessaire contre les
doctrines perverses et malfaisantes aux âmes
n'a jamais fait oublier au P. Gratry ni la justice ni la charité à l'égard des hommes en
qui ces doctrines se personnifiaient.

Oserai-je dire que ce ne sont pas là des
dispositions banales, ni même très communes, de la part même de ceux qui défendent
les droits de la vérité ? De ce que l'on a la
certitude de combattre pour la bonne cause,
ne se dispense-t-on pas trop aisément de
reconnaître chez les adversaires telles et

1. Ib. p. 205.

telles bonnes qualités qu'ils peuvent avoir ?
On use ainsi du procédé commode des con-
damnations et des exécutions *en bloc*, sans
se donner la peine de faire en ceux que l'on
combat le départ du bon et du mauvais.
Combien j'aime trouver sous la plume du
P. Gratry l'énoncé du devoir de justice, qui
s'impose d'autant plus au polémiste qu'il
semblerait avoir des motifs plus plausibles
de s'en croire exempté :

« J'espère bien ne jamais manquer à la
» plus noble loi de la véritable critique qui
» commande de faire ressortir hardiment et
» avec joie, tout ce que disent de bon ceux
» qui ont tort, ceux mêmes qui tombent dans
» les plus grands crimes littéraires. [1] »

A la suite de cette déclaration, je trouve
enchâssées dans les œuvres polémiques du
Père de belles pages signées des noms de
ceux qu'il attaque avec le plus de vigueur.
Je le vois pratiquer cette méthode ou, pour
mieux dire, obéir à cette délicatesse de

____

1. *Les Sophistes et la Critique*, p. 116.

conscience à l'égard même de l'auteur de la *Vie de Jésus* et de son triste livre. Après en avoir relevé les faussetés, les contradictions, les perfidies, il consacre un chapitre de sa foudroyante réplique à « retirer de cette » masse mauvaise les parcelles du diamant » brisé ; à dégager de ce bruit discordant les » fragments dispersés de l'exquise mélo- » die [1]. »

Il ne craint pas de dire : « Voilà ce qui est » beau dans le livre de M. Renan[2] » et après s'être donné la peine de rechercher ces par- celles de diamant brisé mêlées à la poussière et à la boue d'un mauvais livre, je l'entends déclarer « qu'il est ému jusqu'aux larmes en » les recueillant. [3] »

Voilà comment il a entendu et pratiqué la justice envers ceux dont il combattait les erreurs. Mais à un vrai disciple de l'Evan- gile il ne suffit pas de pratiquer la justice : il y faut joindre la charité ; et, si l'on est

1. *Les Sophistes et la Critique*, p. 198.
2. Ib. ib.
3. Ib. ib. 205.

prêtre, cette charité doit tenir de la compassion miséricordieuse dont le cœur du Sauveur était pénétré devant les misères des hommes, d'autant plus à plaindre qu'ils sont plus coupables.

« Ne peut-on pas, disait en 1851 l'auteur de la *Sophistique contemporaine* — ne peut-on « pas repousser l'erreur sans semer » la colère? Un homme ne peut-il pas dire à » un autre homme : vous vous trompez : ne » peut-il au besoin lui dire : vous êtes cou- » pable, sans provoquer, par sa faute, ou » par celle d'autrui, l'endurcissement, l'a- » veuglement, la haine peut-être?... Sau- » vons du moins la charité, et n'augmen- » tons pas le mal, sous prétexte de le » guérir [1]. »

Plus tard au commencement du livre *Les Sophistes et la Critique* il exprimait le même sentiment.

« J'espère et je désire bien vivement con- » server pour tous ceux que je nomme, non » pas seulement la justice, mais le respect

_____
1. *La Sophistique contemporaine*, p. 53.

» et la charité. Avant tout, j'attaque un sys-
» tème, un esprit, chose impersonnelle. En-
» suite, j'attaque des livres. Puis, j'attaque
» un état intellectuel, une habitude logique
» qui n'est pas l'homme entier et qui d'ail-
» leurs peut changer demain. [1] »

« ... J'ai demandé à Dieu la grâce de voir
» les choses telles qu'elles sont au fond, et
» surtout, de ne pas perdre dans mon cœur
» ni dans mes paroles la justice et l'amour
» que je dois à tout homme vivant [2]. »

Puis, en 1869, écrivant les *Lettres sur la
religion* pour répondre à deux nouveaux volumes de M. Vacherot, voici en quels termes
il parlait de l'homme dont il se disposait à
discuter les idées et à démontrer les erreurs :

Il commençait par citer le texte de S.
Pierre :

« Répondez avec modestie et respect à
» ceux qui vous attaquent à tort afin qu'ils
» soient confus de leur injustice [3]. »

---

1. *Les Sophistes et la Critique*, p. 5.
2. Ib. ib. p. 71.
3. 1er ép. de S. Pierre, III. 14-16.

A ces paroles du Prince des Apôtres il ajoutait ce bref, mais significatif commentaire :

« Si l'on avait le grand courage et la puis-
» sante vertu de discuter ainsi, peut-être
» qu'aussitôt l'adversaire commencerait à
» écouter; l'erreur pourrait tomber et la
» vérité se transmettre, comme quand on
» met, entre les deux pôles électriques, le
» conducteur qui les concilie en lumière [1]. »

Ce respect de l'adversaire que l'on est obligé de contredire; ce désir, non pas de l'abattre et de l'humilier pour se décerner ensuite la palme du triomphe, mais de parler tout à la fois à sa conscience et à son cœur, afin de l'amener à reconnaître lui-même ses erreurs, de lui persuader de s'incliner devant la puissance de la vérité; enfin, ce besoin d'aller aux âmes et de partager avec elles le bienfait de la douce lumière qui peut guider l'homme à travers les ténèbres de la vie et de la mort et le conduire sûrement au but en vue duquel il a été créé :

1. *Lettres sur la religion*, p. **3**.

telles sont bien les dispositions qui animè-
rent toujours le **P. Gratry** et dont ses œuvres polémiques contiennent de nombreux
et décisifs témoignages. Mais ces dispositions elles-mêmes ne sont autre chose que
l'esprit de l'apologétique chrétienne et
même de l'apostolat. Or, si le **P. Gratry** s'est
fait une place dans le mouvement philosophique du xixe siècle; si ses rares aptitudes
de polémiste l'ont rendu justement redoutable aux contradicteurs des doctrines dont il
a été l'intrépide et l'habile champion, par
dessus tout, il a été un apôtre. Il a combattu
quelquefois, parce que les intérêts de la vérité lui en imposaient l'obligation. Mais surtout, par voie d'exposition directe et non
contentieuse, il s'est efforcé de montrer la
vérité belle et bienfaisante, amie de l'homme,
compagne nécessaire de son pèlerinage terrestre, digne d'être recherchée, conquise,
possédée, aimée, au prix des plus grands
efforts et même des sacrifices les plus coû-
teux.

Telle doit être très particulièrement la

mission de la polémique employée à la défense du christianisme, de l'Evangile, de Jésus-Christ. C'est beaucoup sans doute, mais en même temps c'est trop peu, de mettre à néant les objections des adversaires, de les convaincre d'ignorance ou de déloyauté, de triompher par une critique supérieure de la critique partiale et passionnée appliquée par eux aux textes sacrés et aux dogmes de la religion. Au prix de ces combats nécessaires, mais douloureux, il faut viser à des résultats positifs qui demeurent la conquête de la vérité défendue contre les attaques de ses ennemis. Je trouve un saisissant exemple de cette méthode dans ce portrait de Jésus-Christ par lequel se termine la discussion minutieuse du livre de M. Renan. La bataille est finie. On n'entend plus le cliquetis des armes. L'heure est venue pour le vainqueur d'entonner sur le champ de bataille dont il est resté maître, l'hymne de l'action de grâces. Ecoutons et associons-nous à ce chant sacré qui exprime si bien la foi et l'adoration. C'est comme

le commentaire de l'inscription triomphale
mise à la base de ce monolithe des pharaons
d'Egypte qui se dresse en face de S. Pierre
de Rome et dont le sommet renferme une
relique de la vraie croix.

« Le Christ est vainqueur, le Christ règne,
» le Christ est maître [1]. »

« Jamais on ne pourra, par aucun art, ni
» sur la toile ni sur le marbre, ni même par
» la parole, exprimer la beauté de la face,
» la sublimité de la vie de Jésus. Il n'a toute
» sa beauté possible que dans le cœur de
» ceux qui l'aiment, et là même il ne l'aura
» jamais entière ; car à mesure que la lu-
» mière grandira dans nos cœurs, il paraîtra
» plus beau.

» La vraie science, s'ajoutant à l'amour,
» se fera de lui des visions de plus en plus
» splendides. On l'admirait d'abord comme
» les hommes, sans la science, regardent le
» ciel étoilé. On le contemplera comme le
» génie éclairé par la science pénètre de plus
» en plus les profondeurs de l'immensité.

1. *Christus vincit, Christus regnat, Christus imperat.*

» La science, la science accumulée et com-
» parée dans tous les sens, science de l'his-
» toire, science de l'âme et du corps, de la
» nature et de l'esprit humain et de la vie
» des sociétés humaines et des lois idéales
» de la beauté, tout cela nous le montre au-
» jourd'hui plus beau qu'on ne l'a jamais vu.

... » C'est pourquoi si je veux le bien con-
» templer, il me faut regarder à la fois dans
» l'histoire, dans la solide réalité de l'Evan-
» gile, puis aussi dans mon propre cœur et
» dans mon propre esprit, et dans toute l'ex-
» périence de la nature humaine, dans toute
» la pensée du corps et de l'âme que je puis
» posséder.

» Contemplons donc l'héroïque et royale
» beauté du plus grand des enfants des hom-
» mes.

» Contemplons ces rayons de beauté
» comme quand la science analysant la
» beauté du jour, y distingue trois rayons,
» rayons de force, de lumière et de feu.

» Jésus-Christ a le courage plein, le cou-
» rage continu, absolu, dans une force héroï-

» que et dans une dignité royale. Et il a le
» courage puissant, le courage qui triomphe,
» parce qu'il est fondé sur l'indomptable
» volonté de la justice, parce qu'il est guidé
» par une intelligence splendide qui voit les
» lois éternelles de la vie et qu'il est sans
» cesse inspiré par la bonté immense, déve-
» loppée en amour enthousiaste, aussi bien
» qu'en profonde compassion [1]. »

Ce n'est encore là que l'esquisse du dessin. Après quoi l'auteur — j'allais dire l'artiste, — agenouillé comme Fra Angelico devant les saintes figures que son pinceau cherchait à reproduire, met sur ces lignes les plus resplendissantes couleurs [2] et montre vivant, transfiguré, glorieux, celui que la critique rationaliste croyait avoir frappé à mort et pour jamais renfermé sous la pierre du tombeau.

1. *Les Sophistes et la Critique*, pages 325 et suiv.
2. Ce portrait de Jésus-Christ remplit les cinq derniers chapitres du Livre.

CHAPITRE IV

L'APOLOGISTE ET L'APOTRE

Avant d'aborder ce nouvel aspect de la vie
et des œuvres du P. Gratry, je relis, et je lui
applique ces paroles qui ont vraiment été
la constante devise de sa laborieuse carrière :
« J'ai aimé et recherché dès ma jeunesse
» cette sagesse qui atteint d'une extrémité à
» l'autre avec force et dispose toutes choses
» avec douceur... Je me suis proposé de l'a-
» mener à vivre avec moi, sachant qu'elle me
» ferait part de ses biens... Et je n'ai pas

» travaillé pour moi seul, mais pour tous
» ceux qui recherchent la vérité [1]. »

Lui aussi, a pu dire, comme S. Augustin,
lorsqu'il s'inspirait de ce passage de nos Livres saints : « Seigneur, vous savez que ce
» n'est pas pour moi seul que mon cœur
» brûle de l'amour de la vérité; vous qui
» lisez dans le cœur, vous savez qu'il vous
» offre constamment le sacrifice de ses pen-
» sées et de ses productions, afin qu'elles me
» permettent de faire du bien à mes frères [2]. »

I

La flamme de l'apostolat : on peut dire
qu'elle s'alluma dans l'âme d'Alphonse Gratry presque en même temps que la lumière

____

1. Sagesse, VII. Ecclésiastique, XXIV, 47.

2. *Domine, Deus meus, intende orationi meæ et misericordia
tua exaudiat desiderium meum. Quoniam non mihi soli æs-
tuat, sed usui vult esse fraternæ charitati et vides in corde
meo, quia sic est ut sacrificem tibi famulatum cogitationis et
linguæ meæ* (S. AUG. *Conf.* l. XI, c. 2, n° 2.)

10

de la foi lui eut été rendue. — « Mon retour
» à Dieu avait été accompagné du désir de
» travailler pour les hommes... A partir de ce
» moment, il m'a été impossible de compren-
» dre que l'homme pût employer sa vie à au-
» tre chose qu'à cultiver la terre pour la dé-
» fendre du mal... J'ai compris le mot de S.
» Chrysostome : vous n'avez pas seulement à
» vous occuper de votre propre salut, mais
» vous avez à rendre compte du monde en-
» tier [1] »

Ce concept de l'emploi de la vie pré-
céda même en lui l'idée de devenir prêtre
et sa vocation au sacerdoce ne fut, pour
ainsi dire, que l'éclosion d'un germe fécond
d'apostolat, déposé dans son âme, par Celui
qui l'avait tout d'un coup arrachée aux dé-
solantes ténèbres de l'incrédulité. Apôtre,
il aurait voulu l'être, on s'en souvient, avec
les fils spirituels de son patron S. Alphonse
de Liguori, ces vaillants ouvriers évangéliques de la Congrégation du très saint Ré-

1. *Souvenirs de jeunesse*, p. 148.

dempteur dont la foi ardente, le zèle infatigable, les labeurs sans cesse fécondés par la
prière et par la pénitence opèrent des mer-
veilles dans nos populations. Il a fait connaître lui-même et j'ai dit plus haut d'après
lui [1], pour quels motifs, indépendants de sa
volonté, son essai de vie religieuse au couvent du Bischenberg n'avait pu aboutir. Après
son ordination au sacerdoce, Alphonse Gratry
fut appliqué par ses supérieurs aux fonctions
de l'enseignement, d'abord au petit Séminaire
de Strasbourg, puis dans un pensionnat tenu
par les prêtres de la société Bautain dont il
faisait partie. Cette période obscure et très
laborieuse dura douze ans. Elle fut pour lui
comme ce mystérieux ensevelissement du
grain de blé dont parle l'Evangile, lequel, au
prix d'une mort apparente, multiplie les ressources de la vie et de la fécondité. C'était
bien le plus pur esprit de l'apostolat qui l'a-
nimait, soit pour l'accomplissement de ses
devoirs pédagogiques, soit dans les études par
lesquelles il se préparait aux desseins ulté-

1. Voir page 30.

rieurs de la Providence sur lui. Ecoutons-le :

« Je travaillais la théologie et la philoso-
» phie réunies, la scolastique et la mystique
» prises ensemble et le tout comparé à tou-
» tes les sciences que je pouvais connaître
» ou que j'apprenais pour combler les lacu-
» nes. Je travaillais avec prières, avec lar-
» mes. Je suppliais Notre Seigneur de me
» donner la lumière sainte, la lumière utile.
» Ces mots du Seigneur : *Sans moi, vous
» ne pouvez rien faire* étaient sans cesse pré-
» sents à mon esprit.

» J'étudiais, j'écrivais [1], en demandant
» sans cesse au Verbe divin de m'éclairer.
» Quand mon travail semblait devenir moins
» fécond, je tombais à genoux et suppliais
» Notre Seigneur avec d'ardents soupirs et
» les plus vives instances, de revenir et de
» m'éclairer. Je travaillais en vue de la mort,
» en vue des souffrances du monde. Je de-
» mandais à Dieu un peu de lumière, de lu-
» mière chaude et vivifiante, afin de pouvoir

1. C'est alors qu'il écrivit les méditations que j'ai publiées
peu de temps après sa mort sous ce titre : *Méditations inédites.*

» en communiquer quelque chose aux pau-
» vres hommes si malheureux, si aveugles,
» si abîmés dans les ténèbres. Je demandais
» surtout l'amour, et la connaissance des
» conditions dans lesquelles les hommes peu-
» vent s'unir [1]. »

Si je ne me trompe, cette page, résumé de
la jeunesse sacerdotale du P. Gratry, renferme et exprime le plus pur esprit de l'a-
postolat.

Toute sa vie, il a été fidèle à la méthode
qu'il pratiquait alors et par laquelle il se
disposait à être, soit par sa parole, soit par
ses écrits, un semeur de la bonne nouvelle
dans les âmes.

Ce que nous trouvons dans ce fragment
de ses confidences, c'est avant tout, une foi
ardente en l'action directe, personnelle, de
Celui que S. Paul appelle « le Père des in-
» telligences [2] » et la conviction absolue que
lui seul, par son Verbe, peut communiquer à
ses serviteurs la lumière de la vérité, avec le

1. *Souvenirs de jeunesse*, p. 182.
2. Hebr. XII, 9.

désir de la faire connaître, estimer et aimer, puis, le besoin de partager avec les autres hommes les trésors de sagesse, de bonté, de dignité morale, de consolation, qui les rendraient meilleurs et plus heureux, s'ils savaient comprendre et recevoir « le don de Dieu ». Tels sont bien les éléments constitutifs de l'apostolat, telles aussi les qualités foncières et indispensables de l'apôtre.

Combien était lumineuse, chaude, pénétrante la prédication du P. Gratry : je l'ai déjà dit lorsque j'ai rappelé à son occasion mes plus chères réminiscences de jeunesse normalienne et oratorienne. Si j'y reviens encore, c'est pour affirmer de nouveau, sans crainte d'être démenti par personne que « lorsqu'on l'avait entendu, on voyait le » christianisme sous un jour tout nouveau, » on apercevait les harmonies de la doctrine » révélée avec ce qu'il y a de plus grand » dans la raison ; on se sentait invincible- » ment attiré par le désir de devenir meil- » leur et plus pur [1]. »

1. *Les derniers jours,* etc. p. 204.

J'ai résumé dans les termes suivants, qu'il m'est doux de reproduire, la double action qu'il exerçait par la prédication publique et par le ministère plus intime de la confession sur lequel le christianisme a mis une toute divine auréole et dont il a fait une des plus grandes forces qui soutiennent le monde moral :

« Monter, monter plus haut, monter en-
» core, monter toujours ;

» Aller de l'égoïsme au sacrifice, de la vie
» naturelle à la vie transfigurée, du bien au
» mieux ;

» Creuser dans son âme par le recueille-
» ment et par une attention plus fidèle à la
» grâce divine de nouvelles profondeurs ;

» Se renoncer toujours davantage pour
» entrer davantage dans la vie ;

» Nourrir sa pensée de la substance de la
» pensée divine, en faisant chaque jour à la
» lecture des saintes Ecritures, et particuliè-
» rement de l'Evangile, une place privilé-
» giée, au milieu même de la vie la plus la-
» borieuse ;

» Trouver dans la prière, dans la pureté
» de la vie, dans des relations plus fréquen-
» tes avec Jésus-Christ vraiment présent
» dans la sainte Eucharistie le moyen infail-
» lible de connaître mieux la vérité et de de-
» venir plus capable de la communiquer aux
» âmes;

» Avoir pour ces âmes rachetées du sang
» d'un Dieu un amour généreux, tendre, dé-
» voué ;

» Ne rester étranger à aucune des souf-
» frances de l'humanité et se pénétrer à
» leur égard des sentiments de celui qui
» avait compassion des foules, *misereor super*
» *turbam :*

» Telle était bien la direction que l'au-
» mônier de l'Ecole normale imprimait à
» ces jeunes catholiques de vingt à vingt-
» cinq ans qui venaient étudier avec lui le
» secret de leur vocation et auxquels il rap-
» pelait souvent tout cet ensemble d'idées
» par ce mot de l'Evangile » mon ami, mon-
» tez plus haut, *amice, ascende superius* [1].

1. P. A. Perraud. *Les derniers jours,* etc. p. 212.

Lorsque plus tard le théâtre de son action apostolique s'élargit, et qu'elle eut à s'exercer sur l'élite de la société parisienne, elle ne changea pas de caractère ; c'était toujours la simplicité unie à la force ; une sorte de candeur enfantine associée à la profondeur d'une pensée familière avec les problèmes les plus ardus de la philosophie, et, par dessus tout, la constante préoccupation de venir en aide aux misères des hommes et de les rendre meilleurs.

« Un texte de l'Evangile, un fait contem-
» porain, une comparaison tirée des scien-
» ces, un gracieux détail emprunté aux scè-
» nes de la nature, tout cela se fondait de
» la façon la plus originale, la plus saisis-
» sante, dans cet enseignement auquel on
» peut bien appliquer ce mot de Joubert que
» le Père aimait à citer : Il y a de l'harmo-
» nie, de la géométrie, de la métaphysique,
» et, pour ainsi parler, de la morale partout.

» Cet autre mot de Joubert lui était éga-
» lement familier. « Il n'y a de beau que
» Dieu, et après Dieu, ce qu'il y a de plus

» beau, c'est l'âme ; et après l'âme, la pen-
» sée, et après la pensée, la parole. Or donc,
» plus une âme est semblable à Dieu, plus
» une pensée est semblable à une âme, et
» plus une parole est semblable à une pen-
» sée, plus tout cela est beau [1]. »

La pensée et la parole du P. Gratry étaient
en vérité un cristal transparent au travers
duquel on voyait Dieu ; non le Dieu abstrait
des formules de la métaphysique — mais le
Dieu vivant et aimant, le Dieu de l'Evangile, le Dieu qui bénit et embrasse les petits
enfants, guérit les malades, console les pauvres veuves, et pleure sur Jérusalem coupa-
ble et endurcie [2].

Aussi les impressions que sa parole pro-
duisait dans les âmes n'étaient pas de ces
émotions factices passagères, qu'un instant
produit, et qu'un instant fait disparaître —
pluies d'orage qui battent la terre mais sans
la pénétrer, ni la féconder.

1. Mon allocution du 11 février 1873. *Les derniers jours,*
etc., p. 204.
2. Ib. ib. p. 205.

Non, c'était comme ces douces et chaudes ondées de printemps qui tombent sans violence et sans bruit, mais qui vont atteindre dans les couches profondes les germes des plantes et les provoquent à croître, à se montrer, à donner des fleurs et des fruits.

Dans une lettre que j'adressais le 1er mai 1860 à un de nos confrères de l'Oratoire, alors absent de Paris [1], je retrouve un souvenir personnel de l'action qu'exerçait la prédication du P. Gratry. Je transcris cette lettre telle quelle, dans toute la simplicité de sa rédaction.

« Notre P. Gratry a donné ce matin même
» sa troisième conférence sur l'ensemble de
» la religion.

» Premier jour, le dogme... Second jour,
» le culte. Trois parties, la prière, le sacri-
» fice, les sacrements... Selon nous, et assu-
» rément aussi, selon le public très pénétré
» et très ému, admirable conférence. Tout
» le cœur du P. Gratry, toute son âme, toute

---

1. Notre vénéré P. Mariote, qui était au petit séminaire de Saint-Lô où j'avais moi-même passé deux années.

» sa vie sacerdotale étaient là. Il y a eu des
» passages de première beauté et d'une in-
» comparable éloquence sur la prière, sur le
» sacrifice chrétien, et sur la sainte eucha-
» ristie.

» Quelques instants après la conférence,
» un monsieur décoré demandait à se con-
» fesser.

» Troisième jour, la morale ; Divisions : le
» bien, le mal, le devoir... Le devoir, c'est
» de se dévouer, de donner ce que l'on a et
» ce que l'on est pour faire disparaître le mal
» et opérer le bien.

» Après la conférence, d'autres confessions
» d'hommes. Bénissons Dieu. Prions-le de
» féconder de plus en plus cette parole ; de
» la faire de plus en plus servir à son règne !

Oui, ce métaphysicien dont la pensée har-
die semblait se complaire aux plus hautes
spéculations de la philosophie ou de la géométrie ; qui passait si aisément d'Aristote à
Kepler et de Descartes à Leibniz et dont on
aurait dit parfois que le regard se perdait
dans des régions inaccessibles aux esprits

moyens avait, plus encore que la passion de la science, la passion toute divine de rendre, comme il le disait, les hommes moins méchants pour les rendre moins malheureux, de lutter contre l'ignorance pour tarir les sources du vice et de réprimer le règne du mal pour diminuer autant que possible celui de la douleur.

« Grand esprit, noble cœur » me disait de lui y a vingt ans le Pape Léon XIII, aux pieds duquel je venais de prononcer son nom.

Oui, en vérité, grand esprit et grand cœur que le prêtre qui depuis sa conversion à Dieu, après une période d'incrédulité absolue, jusqu'à sa mort, c'est-à-dire, pendant un demi-siècle, n'a pensé, écrit, prié, parlé, que pour travailler à la transfiguration des âmes et du monde, dans la connaissance et dans l'amour de Jésus-Christ !

Grand cœur en qui la divine compassion du Sauveur, pour toutes les misères, de l'humanité a été croissant jusqu'à la dernière heure ! qui, dans la simplicité et dans l'éner-

gie de sa foi, a trouvé le secret de ne pas
désespérer, de ne pas renoncer à un progrès
de lumière et de justice, et au milieu même
des heures les plus sombres, sous l'accablement des plus poignantes épreuves, d'être,
comme il me le disait trois jours avant sa
mort, rempli d'espérance.

II

Non seulement le **P.** Gratry a été apôtre ;
mais, si je pouvais me servir d'un mot qui n'a
pas encore reçu droit de cité dans notre
langue, il a été *fomenteur* d'apôtres. Que de
fois, surtout lorsqu'il parlait à de jeunes
hommes, après leur avoir fait étudier avec
lui l'état du monde, l'ignorance dans laquelle
tant d'âmes sont plongées et les multiples
servitudes qui les retiennent prisonnières
dans les chaînes du péché, que de fois il a exprimé son étonnement qu'un tel spectacle,
regardé avec d'attention, ne provoquât pas

en de plus grandes proportions le sublime
désir et le besoin de dévouer toute sa vie à
éclairer ces ténèbres de la lumière de l'Evangile et à rendre la liberté à ces captifs. *Ut
diceres his qui vincti sunt exite, et his qui in
tenebris : revelamini* [1].

J'entends toujours au plus intime de moi-
même le vibrant écho des exhortations qu'il
adressait à ses auditeurs de l'Ecole normale,
et je n'oublierai jamais avec quel enthousiasme communicatif il nous parlait de la
mission du prêtre catholique et du bonheur
privilégié de ceux que Jésus-Christ appelle
à travailler avec lui pour établir dans le
monde le règne de son Père. Il nous disait
alors ce qu'il écrivait plus tard à propos de
notre cher Henri Perreyve, enlevé si prématurément à un apostolat qui avait déjà produit tant de fruits :

« La facilité parfaite avec laquelle on em-
» brasse toutes les autres carrières tandis
» qu'une sombre horreur glace les courages
» au seuil du sacerdoce est un malheur, une

1. Is. xlix, 9.

» illusion et une des causes des retards du
» monde. Un grand nombre d'hommes meu-
» rent d'une manière entièrement inutile
» qui eussent déployé pour le bien de leurs
» frères de riches, de nobles facultés, s'ils
» avaient su donner leur vie au dévouement
» sacré.

» Si quelque chose est évident c'est qu'il
» y a mille fois trop peu d'hommes consacrés
» à l'éducation morale et religieuse du genre
» humain. D'incalculables richesses morales
» se perdent par toute la terre faute d'ouvriers
» dans la moisson des âmes. La moisson est
» grande, — dit le Christ — mais il y a peu
» d'ouvriers. Cette absence d'ouvriers vérita-
» bles est un des traits caractéristiques de
» l'histoire du monde jusqu'au siècle où
» nous sommes, et c'est pourquoi tous les
» travaux humains, sans exception, sont en
» retard. Priez donc le père de famille d'en-
» voyer des ouvriers dans sa moisson. C'est
» le premier besoin du monde, et c'est ce
» qu'il faut demander à Dieu.

» Je ne connais donc pas de plus sage

» enthousiasme que celui qui excite les hom-
» mes à devenir ouvriers de Dieu.

» L'homme qui choisit le travail sacré de
» la moisson de Dieu pour emploi de sa
» vie, choisit la meilleure part. Son ambition
» est, sans comparaison la plus grande, la
» plus noble de toutes, et son œuvre la plus
» féconde et la plus nécessaire [1]. »

Mais si, comme il est juste, le P. Gratry
mettait au premier rang parmi les plus belles
manières d'employer les jours fugitifs de la
vie présente celle qui, au prix de la mort
évangélique, courageusement acceptée, asso-
cie directement le prêtre à l'apostolat de lumière et de liberté exercé par Notre-Seigneur
Jésus-Christ, il se gardait d'être exclusif, et il
savait reconnaître la légitimité des autres formes de l'activité humaine [2].

Toutefois, là encore, tout plein de l'esprit
qui faisait dire à S. Pierre que les simples
fidèles, par cela seul qu'ils ont reçu le bap-

---

1. *Henri Perreyve*, p. 64-66.
2. Voir au second volume du *Commentaire de S. Mathieu*
le chapitre du mariage (xix).

tême, forment dans le monde une sorte de sacerdoce [1] et doivent prendre part au labeur sacré de la diffusion de l'Evangile, il exhortait tous les hommes de cœur et de conscience chrétienne à devenir « des ouvriers de la » justice, de la vérité, de la liberté, de la » paix ; des ouvriers de compassion qui, eux » aussi, après avoir pleuré à la vue de tant » de souffrances, lèveront la tête et vien- » dront de plus en plus nombreux pour » mettre un terme aux grandes iniquités, » essuyer les larmes des pauvres, des fai- » bles, des opprimés, rétablir la lumière, la » vue du but et de l'espérance, et hâter cette » moisson divine, semée depuis vingt siècles, » qui nourrira les hommes d'un pain moins » rare et moins amer qui nourrira les âmes » d'une plus abondante et plus efficace effu- » sion de la parole de Dieu [2]. »

Certes, il avait qualité pour adresser ce chaleureux appel à toutes les âmes de bon

---

1. Ire Epitre de S. Pierre, ch. ii, v. 3.

2. *Commentaires sur l'Evangile de S. Mathieu*, 2, i, p. 135. Voir aussi au t. II, tout le chapitre sur l'emploi de la vie.

vouloir, le prêtre, l'apologiste, l'apôtre qui, devant les iniquités du monde et les misères de toutes sortes dont elles sont la source empoisonnée et désolé de voir avec quelle lenteur le genre humain s'emploie à procurer l'avénement de la pleine justice, jetait vers le ciel ce cri pathétique :

« O mon Dieu, ô mon Dieu ! je ne vous
» demande pas de me donner votre divin re-
» gard pour voir ces choses, ni votre com-
» passion pour les sentir. Non, mon Dieu !
» car il y a plus d'un tiers de siècle que je
» les ai vues et senties par votre grâce et
» que des larmes secrètes et quotidiennes brû-
» lent mes yeux et que mon cœur physique
» en est comprimé et brisé. Cela, mon Dieu,
» vous me l'avez donné. Mais je vous de-
» mande maintenant, puisque vous m'avez
» fait ouvrier, de me donner un peu plus de
» force et le courage de l'ouvrier qui tra-
» vaille des mains, qui a besoin de travailler
» pour sauver ses enfants de la mort; qui
» chaque matin essuie ses larmes et relève
» la tête, et puis se remet au travail et con-

» tinue ainsi à travers toute la vie, jusque
» dans la vieillesse, à donner chaque jour
» un peu plus de travail qu'il ne peut[1]. »

La grande image de piété du P. Gratry,
celle devant laquelle il méditait, priait, travaillait, préparait ses discours et ses livres,
c'était la mappemonde terrestre surmontée
du crucifix; la croix touchant le globe et le
pénétrant; le sang de Jésus-Christ ruisselant
de toutes ses plaies et de son cœur entr'ouvert pour inonder le monde, éclairer, guérir,
ressusciter les âmes.

Pendant vingt ans, nous avons vu ce crucifix et cette mappemonde présider chaque
jour aux heures silencieuses et recueillies
durant lesquelles l'ouvrier évangélique se
livrait à son incessant labeur pour la justice
et pour la vérité. C'était bien là que s'atti-
sait en lui la flamme sacrée de l'apostolat,
lequel n'est autre chose qu'une des formes
les plus sublimes de la charité, c'est-à-dire
du double amour de Dieu et des hommes.

1. *Commentaires sur l'Evangile de S. Mathieu*, pages 193
et 194.

III

Parmi les ouvrages du P. Gratry, il en est trois qui se rapportent plus spécialement à sa mission d'apologiste et d'apôtre : la *Crise de la foi*, la *Philosophie du Credo*, le *Mois de Marie*.

Le premier se compose de trois des conférences faites par le P. Gratry en 1863 à Saint-Etienne-du-Mont. La nécessité de la foi ; les obstacles à vaincre pour la garder ou pour la retrouver ; la responsabilité qui incombe à chacun de nous dans la question redoutable de savoir si la foi chrétienne fera dans le monde de nouveaux et nécessaires progrès, ou si, par notre faute, elle reculera misérablement devant les audaces de la fausse science et de l'incrédulité ; les applications des principes et de la vie de la foi « à l'es-
» prit humain, au corps humain, aux socié-
» tés humaines » enfin, l'éclosion en œuvres

de justice, de miséricorde, de charité, des semences sacrées mises dans les âmes par le baptême et développées par la grâce, la prière, les sacrements : tel est le résumé de ce petit volume, parlé avant d'avoir été écrit, et où sont condensées les thèses chères au P. Gratry.

La conclusion de cette lumineuse et vivante apologie du christianisme était celle-ci :

« Le Christ avait dit : « Celui qui croit en
» moi ne fera pas seulement les choses que je
» fais ; il en fera de plus grandes [1]. Et la plus
» grande de toutes ces œuvres que Jésus-
» Christ fera par nous, œuvre plus grande
» que ses œuvres premières, sera la renais-
» sance et la résurrection, à travers la crise,
» de la foi qui paraissait morte ; *oportet Fi-
lium hominis occidi et multa pati et tertia
die resurgere...* Alors enfin, et alors seule-
» ment, les chrétiens comprendront toutes
» les ressources de la foi, et ils verront que
» l'Evangile est vrai. Si vous aviez la foi, rien

1. S. Jean, xiv, 12.

» ne vous serait impossible, tout est possi-
» ble à celui qui croit. Et alors, tous ensem-
» ble, nous oserons dire ce que le Saint-
» Esprit révélait aux anciens prophètes :
» nous sommes constitués par Dieu pour
» dominer toute la nature, pour disposer
» le globe terrestre dans l'ordre et la
» justice, pour conduire tout le genre hu-
» main, par la foi du Christ, à la lumière et
» à la liberté. Nous le croyons, nous le vou-
» lons, nous l'entreprenons aujourd'hui » [1].

La *Philosophie du Credo* est une exposition raisonnée des articles fondamentaux de
la foi chrétienne résumés dans le symbole
des apôtres. A la façon des catéchismes desti-
nés à l'instruction religieuse de l'enfance, le
livre est écrit par demandes et par réponses.

Dans un avant-propos de quelques lignes,
l'auteur indiquait son dessein et sa méthode :

« Ceci n'est point un traité de théologie;
» mais une conversation entre un prêtre et
» un homme instruit. Le prêtre, pour se faire

---

1. *La crise de la foi.* p. 277.

» entendre, évite, tant qu'il le peut, les ter-
» mes techniques et les formules de la théo-
» logie. Il les traduit en langue contempo-
» raine. Autorisé par l'exemple de S. Paul
» devant les Athéniens, il cherche à prendre
» le langage de celui qui l'écoute, et prétend
» seulement, en écartant les préjugés qui
» défigurent nos dogmes, amener l'esprit
» attentif au désir de connaître le christia-
» nisme plutôt qu'à la connaissance même
» de l'immense et divine doctrine, redeve-
» nue aujourd'hui pour le monde la doc-
» trine du Dieu inconnu.

» Puissions-nous, par ces pages incomplè-
» tes, ouvrir à quelques esprits élevés, la
» voie vers cette religion qu'ils ignorent,
» mais que leur âme attend ! »

On sut plus tard pour quel catéchumène
le P. Gratry avait composé cet ouvrage : il
l'avait écrit à l'intention d'un de ses anciens
camarades d'Ecole polytechnique, devenu le
général Lamoricière.

Le vaillant soldat était bien un de « ces
esprits élevés, ignorants de la religion »,

mais instinctivement tourmentés par le besoin de la connaître et de la posséder.

C'est au P. Gratry que, de son exil de Belgique, le proscrit du 2 décembre écrivait :

« J'ai fait mes humanités, y compris la
» philosophie. J'ai passé à l'Ecole polytechni-
» que, j'y ai travaillé en conscience à l'étude
» des sciences et quelque peu à celle de leur
» philosophie. Quant à la théologie je n'en
» sais pas un mot.

» Depuis lors, j'ai manié les armes pen-
» dant dix-huit ans, j'ai passé quatre ans dans
» nos luttes et disputes politiques, et me
» voici maintenant dans l'exil où Dieu m'a
» conduit pour me donner le temps et le be·
» soin de réfléchir et de regarder les choses
» du point de vue où on les voit ce qu'elles
» sont [1] ».

La forme catéchétique adoptée par l'auteur lui a permis de présenter d'une manière saisissante les objections qui retiennent beaucoup d'hommes captifs dans leur incrédulité. Ce livre n'est pas un monologue où un seul

1. Keller, *Vie du général Lamoricière*, p. 253.

a la parole et la conduit comme il veut, sans être obligé de tenir compte de la pensée d'autrui; c'est un dialogue plein de naturel et de vie dans lequel, suivant le conseil de l'apôtre S. Pierre, un des deux interlocuteurs répond de son mieux aux questions qui lui sont faites et s'efforce de rendre raison et bonne raison des motifs sur lesquels se fondent la foi et l'espérance des disciples de Jésus-Christ [1]. Qu'on lise par exemple le troisième dialogue qui roule sur le mystère de la Trinité, ou le quatrième dans lequel le dogme de la Rédemption soulève la question du péché originel : on verra avec quelle loyauté les objections y sont formulées, avec quelle netteté l'auteur y répond et comment il excelle à montrer les admirables harmonies établies par la sagesse éternelle entre les vérités révélées et les besoins ou les instincts de la nature humaine. Cette philosophie du Credo pourrait très légitimement être intitulée : « Catéchisme à l'usage des

____

1. *Parati semper ad satisfactionem omni poscenti vos de ca quæ in vobis est spe.* (I Petr III, 15)

» gens du monde » Je le résumerais volontiers en ces propositions sur lesquelles un de nos vénérés professeurs de théologie à l'Oratoire, le P. Gillet, si hautement et si justement estimé par le P. Gratry, faisait reposer toute l'Apologétique :

1° La religion chrétienne est si belle que l'on doit désirer qu'elle soit vraie ;

2° La religion chrétienne est si bien prouvée que l'on ne peut pas douter qu'elle ne soit vraie.

Aussi quand le dialogue se termine sur le dernier article du symbole : « je crois à la vie éternelle » commenté tout à la fois par une page de S. Thomas d'Aquin et par le prêtre du xixe siècle qui s'efforce d'amener à la foi une âme ignorante, hésitante, ou troublée, celle-ci ne peut s'empêcher de traduire son émotion par cette simple parole « *c'est beau* » et l'on pressent que cet hommage rendu aux concepts divins réalisés dans le christianisme est le prélude d'une nouvelle victoire remportée sur l'incrédulité par l'apôtre de l'Evangile.

Il en fut ainsi de l'homme au cœur droit et loyal pour lequel l'auteur de la philosophie du Credo avait écrit ce livre : le général de Lamoricière devint un chrétien, un grand chrétien [1].

Je me reprocherais de ne rien dire du *Mois de Marie* écrit par le P. Gratry comme l'hommage de la Congrégation de l'Oratoire renaissante ou ressuscitée à celle que le Souverain-Pontife Pie IX lui avait donnée pour patronne. Un certain nombre de mes lecteurs pourraient attribuer mon silence à une sorte de respect humain et s'imaginer que je craindrais de diminuer l'autorité philosophique et apologétique du P. Gratry si je rappelais le souvenir de ces pages composées en l'honneur de la sainte Vierge et très spécialement du privilège de son immaculée conception.

J'eusse été bien mal avisé d'obéir à une préoccupation de ce genre. En effet, j'ai sous

1. Après la mort du P. Gratry, j'eus à remplir de sa part l'honorable et consolante mission d'envoyer à madame veuve de Lamoricière (le général était mort en 1865) **le** manuscrit original de la philosophie du Credo.

les yeux un exemple qui me mettrait singu-
lièrement à l'aise, s'il le fallait, pour montrer comment, dans les esprits véritablement
grands, les effusions de la piété la plus tendre s'allient très bien avec l'étude des problèmes de la métaphysique et de la morale.

Ne voyons-nous pas siéger sur la chaire
de S. Pierre un pape qui, dans tant de magnifiques encycliques adressées depuis vingt-
deux ans à l'Eglise catholique a successivement abordé et résolu les plus hautes questions de la philosophie chrétienne, de la
science théologique et scripturaire, de l'économie politique et sociale dans ses rapports
avec la religion ? Or, c'est le même Léon XIII
qui, avec une persévérance sur laquelle les
années n'ont pas de prise, a tout mis en œuvre pour développer chez les fidèles la dé-
votion à Marie. Après son encyclique de 1891,
on lui avait décerné le titre de « pape des ouvriers ». La postérité pourra tout aussi justement l'appeler « le pape de la sainte Vierge,
le pape du saint Rosaire. »

Lui aussi, le P. Gratry, au moment où il

semblait exclusivement absorbé por la composition de ses œuvres de philosophie et ses polémiques contre l'incrédulité contemporaine, trouvait du temps pour écrire et mettre dans le berceau de l'Oratoire, rappelé à la vie par le pape Pie IX, son *Mois de Marie* de l'Immaculée Conception.

Ce volume, composé de trente-et-une méditations, chronologiquement adaptées aux exercices qui ont lieu dans la plupart des églises catholiques pendant le mois de mai, me paraît tenir une place à part au milieu des innombrables productions de ce genre que chaque année voit éclore.

En même temps qu'il est à la portée des plus simples, auxquels il rappelle dans une langue très claire et très compréhensible les vérités fondamentales de la foi, il présente aux esprits cultivés les considérations les plus élevées sur les rapports saisissants des dogmes chrétiens avec les aspirations de l'âme humaine ainsi qu'avec les besoins des sociétés et les nécessités particulières de notre époque.

Par dessus tout, et ici j'insiste de nouveau sur la ressemblance que j'ai signalée plus haut entre la piété de Léon XIII et celle du P. Gratry, ces méditations sont éminemment propres à développer chez les fidèles l'esprit de prière. Elles se recommandent par là très particulièrement à tous les chrétiens qui ont le sincère désir d'être des « adorateurs en esprit et en vérité ». Je n'en citerai qu'un exemple, choisi entre plus de cent autres et j'aime pour mon propre compte à redire cette prière qui convient si bien à nos préoccupations actuelles sur la marche de l'humanité :

« O Reine des siècles, priez ardemment » pour ce siècle ; ne souffrez pas qu'il prenne » le change.

» Déployez toute votre puissance et toute » la force de votre prière. O Reine, oserai-je » bien dire ce secret ? Vous priez d'une dou- » ble prière, car vous êtes l'échelle de Jacob » sur laquelle les anges montent et descen- » dent du ciel en terre et de la terre au » ciel. C'est l'image de votre prière : vous

» priez Dieu de descendre du ciel et vous
» priez les hommes d'y vouloir bien monter.
» Vous priez votre Fils de frapper à la porte
» des cœurs et vous priez les cœurs d'ouvrir
» à votre Fils. O prière ineffable de la très
» douce et immaculée Mère ! Que dit-elle?
» O mon Fils, obéis, obéis à Dieu ! O mon
» fils, ne repousse pas Dieu. Divine mère de
» nos âmes, insistez donc ! Votre prière est
» toute-puissante sur Dieu ; elle n'est trop
» souvent impuissante que sur nous. Mais
» Dieu même vous donne en ce temps une
» voix plus pénétrante et d'un plus grand
» éclat. Insistez donc, attirez vers Dieu tout
» ce siècle ; persuadez-lui de se laisser sai-
» sir par Dieu. Que sous la même inspira-
» tion de Dieu, qui veut rendre l'humanité
» plus pure, plus libre, plus belle, plus ai-
» mée, plus aimante, il ne se forme plus
» deux siècles dans le même siècle, deux
» siècles en guerre et en contradiction, dont
» l'un détruit pendant que l'autre veut cons-
» truire. Qu'il n'y ait plus de siècle pervers ;
» qu'il n'y ait plus qu'un siècle saint, ou

» du moins que le siècle pervers soit réduit ;
» que tous les bons cœurs l'abandonnent,
» qu'il ne lui soit plus donné de séduire tant
» d'esprits faits pour la lumière ; que les mé-
» chants soient ses seuls fidèles ; que le nom-
» bre, le courage, l'enthousiasme et l'ardeur
» soient dans le siècle saint et que rien ne
» puisse étouffer les admirables inspirations
» de Dieu pour le progrès de son règne sur
» terre [1] ».

Il est encore intéressant de constater par la lecture attentive de ce *Mois de Marie* à quel point la plupart des idées principales que le P. Gratry devait exposer et développer dans ses ouvrages de philosophie et ses études sociales, se trouvent déjà comme des germes féconds dans ce recueil de méditations et d'effusions pieuses en l'honneur de la Mère de Dieu.

Enfin, je veux signaler à l'attention des esprits philosophiques la belle, la profonde

1. *Mois de Marie*, 12ᵉ méditation, p. 120. Peu de temps après sa publication, le *Mois de Marie* a été traduit en anglais et en allemand.

apologie du dogme de l'Immaculée Conception à laquelle plusieurs de ces méditations sont spécialement consacrées [1].

Au moment même où les rationalistes à courte vue s'escrimaient contre ce dogme et y montraient avec complaisance le triomphe d'une superstition enfantine et le sceau mis par l'Eglise sur l'abêtissement de la raison humaine, le **P.** Gratry invitait ses lecteurs à y considérer avec lui « une vérité profonde, » centrale, capable de jeter un jour éclatant » sur toutes les vérités de la foi et même » sur plusieurs vérités de la philosophie ». Héritier d'hérésies dont les unes étaient contemporaines des premiers siècles et les autres avaient été reprises avec une sorte de déduction féroce par Calvin, le Jansénisme avait exagéré les conséquences du péché originel. Sous prétexte d'exalter les prérogatives souveraines de la grâce, il avait presque réduit à néant la liberté de l'homme. Etrangère à ces excès, la théologie catholique avait reconnu, proclamé, défini notre native misère

1. De la 6ᵉ à la 9ᵉ inclusivement.

et montré dans la concupiscence inhérente à chacun de nous une suite lamentable de la désobéissance de nos premiers parents. Mais elle s'était bien gardée de porter atteinte à cette liberté sans laquelle ne se peuvent concevoir ni morale obligatoire, ni responsabilité, ni vertu, ni espérance de progrès. Or, en même temps qu'il jette une vive lumière sur le péché originel, le dogme de l'Immaculée Conception est éminemment propre à faire comprendre que, si Dieu a permis la chute de nos premiers parents et son contre-coup sur l'humanité, il avait d'avance pris ses mesures pour empêcher la victoire absolue et définitive du mal. Séparer Marie du reste de la corruption universelle, c'était s'être réservé « au sein de l'humanité dé- » chue, un tabernacle immaculé, une fibre » saine, un germe et une racine de grâce et » de salut [1] ».

Non, il ne faut pas dire que le mal a triomphé de Dieu et ruiné à tout jamais ses desseins de miséricorde. Comme un rocher

1. *Mois de Marie*, 7ᵉ méditation, p. 54.

au milieu de la mer offre un point d'appui à de pauvres naufragés qui allaient être engloutis au fond des abîmes et leur permet d'attendre le passage du navire sauveur dont ils ont aperçu à l'horizon les blanches voiles, Marie, point virginal du monde des âmes, domine de bien haut la tempête de l'erreur et du mal. Elle représente la beauté idéale de cette création première dans laquelle Dieu avait pu prendre toutes ses complaisances parce qu'elle reflétait fidèlement sa propre beauté : *Speculum sine macula Dei majestatis et imago bonitatis illius* [1].

De notre sang et de notre race, moins la souillure héréditaire, chargée de donner à ses frères en Adam le Réparateur de la faute d'Adam, la Vierge immaculée autorise de notre part toutes les espérances de réhabilitation, en même temps qu'elle encourage les âmes à faire bon usage de leur liberté et de la grâce de Dieu pour lutter contre le mal et remporter sur lui des victoires décisives. Quoi de plus beau, de plus digne de

1. Sap. VII, 26.

Dieu, de plus honorable à la nature humaine qu'un tel dogme? Il nous impose, il est vrai, un acte de foi, mais un acte que préparent et facilitent les motifs de crédibilité les plus plausibles, les plus recevables au tribunal de la saine raison.

CHAPITRE VII

LE PRÉCURSEUR

Il y a sept ans, j'appliquais cette qualification au cardinal Lavigerie, à son génie entreprenant, aux audacieuses et fécondes initiatives qui avaient marqué son apostolat en Algérie, en Tunisie et jusqu'au centre du continent africain.

« Le précurseur — disais-je — c'est, sui-
» vant la force étymologique du mot, l'homme
» qui va en avant. Après que son regard per-
» çant a discerné plus vite le but, il s'y porte
» avec plus de rapidité. Il est déjà arrivé

» quand les autres sont encore en marche.
» *Præ currere.* [1] »

Toutes réserves faites, bien entendu, des nombreuses différences que l'on pourrait signaler entre ces deux très utiles serviteurs de l'Eglise du xixe siècle, je crois pouvoir dire que le P. Gratry a été un précurseur *d'idées* comme le cardinal Lavigerie fut un précurseur d'œuvres.

I

Ici, je dois revenir un instant sur mes pas et ajouter quelques pages à ce que j'ai essayé d'esquisser plus haut en parlant de la philosophie du P. Gratry.

Sous la double influence du Cartésianisme et de la philosophie contemporaine, dérivée

1. Discours prononcés dans la Basilique de S. Louis de Carthage et à Alger, 1893. P. 40.

en partie de Locke et de Condillac, en partie des Ecoles allemandes de Kant, de Fichte, de Hegel, on peut dire que l'autorité philosophique de S. Thomas d'Aquin était devenue à peu près nulle en France, même au sein du clergé.

Sans doute, S. Thomas était toujours regardé comme un maître de la Théologie catholique, ayant su coordonner dans une œuvre immense tout ce que les Pères et les Docteurs des douze premiers siècles avaient enseigné de plus décisif sur les dogmes et sur la morale du christianisme. Mais sa philosophie avait partagé le sort de beaucoup d'institutions du moyen-âge. On en faisait mention à titre historique, lorsqu'on voulait rendre un compte exact du mouvement intellectuel du xiiie siècle. Mais, à part la famille religieuse dont le docteur Angélique demeurait l'immortel honneur, maîtres et disciples, même, je le répète, dans les maisons ecclésiastiques, s'inspiraient très peu de ses méthodes et ne le prenaient guère pour guide dans l'étude de la philosophie.

Il y eut donc un véritable étonnement dans le monde lorsque, à peine assis depuis dix-huit mois sur la chaire de S. Pierre et lorsqu'il y avait lieu de le croire plus que surabondamment préoccupé de faire face aux difficultés presque innombrables dont les débuts de son Pontificat étaient entourés, Léon XIII publia l'Encyclique *Æterni Patris*, à laquelle il donnait ce titre très significatif : « De la restauration de la philosophie » chrétienne dans les écoles catholiques, » selon l'esprit du docteur Angélique S. » Thomas d'Aquin. »

On sait en quel magnifique langage le pape rappela les services dont la vraie et saine philosophie était redevable à S. Thomas ; avec quelle conviction il affirmait que, si l'on savait méditer à fond les principes et les conclusions des thèses traitées par le saint docteur, on y trouverait des armes invincibles pour repousser victorieusement les erreurs contemporaines [1].

---

1. *Angelicus Doctor illud impetravit ut et superiorum temporum errores omnes unus debellârit et ad profligandos qui*

Lorsque le document pontifical eut paru, je ne saurais exprimer avec quelle joie d'esprit, avec quelle fierté toute filiale, je me rappelai ce que le P. Gratry avait écrit et enseigné au sujet de S. Thomas d'Aquin. Certes, la formation intellectuelle qu'il avait reçue dans les collèges de l'Université, au temps de la Restauration, ne le prédisposait guère à être un admirateur de S. Thomas. A l'époque où il était écolier soit au collège de Tours, soit à Paris au collège Henri IV, la philosophie en vogue était une sorte de dilution des doctrines de Condillac, dérivées elles-mêmes de celles de Locke et de l'empirisme du xviiie siècle. Déjà, il est vrai, le sage et modéré Laromiguière avait commencé à réagir contre cette école dans son enseignement oral et dans ses livres. Ce mouvement devait s'accentuer davantage avec M. Cousin et la brillante pléiade formée par lui pour accréditer le spiritualisme éclectique dans toutes les chaires de l'Etat.

perpetua vice in posterum exorituri sunt arma invictissima suppeditdrit (Encycl. Æterni Patris).

Mais il fallait attendre jusqu'au Pontificat de Léon XIII pour assister à une glorification de la philosophie scolastique, surtout représentée par l'homme qui, à lui seul, a été l'encyclopédie vivante de toute la science du moyen-âge.

Qu'a donc pensé de S. Thomas d'Aquin et de sa valeur, non pas seulement comme interprète des dogmes révélés, mais comme philosophe, l'auteur de la *Connaissance de Dieu* et de la *Logique,* livres qui ont précédé d'un quart de siècle l'Encyclique *Æterni Patris ?*

Dans le premier de ces deux ouvrages, près de deux chapitres sont consacrés à exposer la méthode de Thomas et l'application qu'il en a faite à la théodicée et au labeur de l'intelligence humaine, en quête de la vérité.

A l'encontre des soi-disant philosophes qui, entichés de certains chefs des écoles allemandes s'efforcent d'acclimater parmi nous les théories et les formules de ces Docteurs ès-ténèbres intellectuelles, si sévèrement, mais si justement caractérisées par

Léon XIII dans sa récente encyclique au Clergé français, et professent à l'endroit de S. Thomas et de la scolastique un superbe dédain, voici de quelle façon l'ancien polytechnicien appréciait l'auteur des deux Sommes :

« On peut dire que S. Thomas d'Aquin
» renferme S. Augustin, Aristote et Platon...
» Comme philosophe, S. Thomas renferme
» la substance de ses trois prédécesseurs...
» Plus qu'Aristote, il a employé le procédé
» principal de la philosophie (le syllogisme)...
» Mais il ne méconnaissait pas S. Augustin,
» comme Aristote a méconnu Platon, en re-
» jetant sa dialectique. Lui, ne repoussait
» rien de son glorieux prédécesseur et le
» procédé d'ascension rationnelle, à partir
» de la sensation jusqu'à Dieu, si bien décrit
» par S. Augustin, S. Thomas le pratique, le
» nomme et le décrit [1].

» S. Thomas est aussi supérieur à Platon
» en science précise du monde intelligible
» que peuvent l'être en astronomie Kepler
» et Newton relativement à Pythagore. Py-

____

1. *Connaissance de Dieu*, pages 276-279.

» thagore pensait bien que les astres devaient
» former un chœur dont le soleil, source de
» la lumière, devait être le maître et le cen-
» tre — il l'a dit. Mais Kepler et Newton ont
» dit : oui, ces mondes roulent autour du so-
» leil dans des courbes dont voici la nature
» géométrique ; ils sont attirés vers ce cen-
» tre par une force dont voici la loi. Voici de
» plus la vitesse et le poids de chacun de ces
» mondes.

» C'est toute la distance qu'il y a entre la
» conjecture et l'instinct du génie, d'un côté,
» et de l'autre la science déployée et fixée.
» Je mets Platon bien haut, mais je vois S.
» Thomas d'Aquin aussi supérieur à Platon
» et plus encore, que notre science du monde
» physique est supérieure à celle des Grecs [1]. »

Quelques lignes plus loin, le P. Gratry
ajoutait, et c'est bien vraiment ici qu'on peut
lui appliquer le mot de *Précurseur* et trouver dans ses paroles comme une préface an
ticipée de l'Encyclique du 14 octobre 1879 :

« Il manque à S. Thomas d'Aquin d'être

______

1. Ib. Ib. p. 326.

» compris. Il y a en lui des hauteurs, des
» profondeurs, des précisions que l'intelli-
» gence contemporaine est loin de pouvoir
» soupçonner, et que l'on comprendra peut-
» être dans quelques générations, si la phi-
» losophie se relève, si la sagesse reparaît
» parmi nous. »

Ne semble-t-il pas, en vérité, que le P.
Gratry ait deviné, pressenti, j'allais presque
dire prophétisé l'œuvre de relèvement philosophique accomplie sous nos yeux depuis
vingt ans par notre grand Pape ?

II

Au courant de l'été 1898, il y eut dans le
monde pendant quelques semaines, un tres-
saillement d'enthousiasme et d'espérance.
Surmenées d'efforts financiers employés à
maintenir en permanence sur le pied de
guerre d'immenses armées qui, chaque année, enlèvent à l'agriculture, à l'industrie,

aux professions libérales quelques millions d'hommes, les nations civilisées accueillirent avec admiration et reconnaissance la noble initiative prise par le czar Nicolas invitant les gouvernements à se concerter pour procéder à un désarmement proportionnel de leurs forces militaires, et rechercher comment il serait possible de mettre un terme à un état de choses dont la prolongation « conduirait » fatalement au cataclysme même qu'on tient » à éviter et dont les horreurs font frémir » d'avance toute pensée humaine [1]. »

Un peu plus tard, et toujours sur l'invitation du czar, les Puissances acceptaient de se faire représenter dans une Conférence internationale au sein de laquelle devaient être étudiés les moyens pratiques de prévenir désormais le fléau de la guerre.

Hélas! ce généreux projet a presque entièrement avorté et les travaux de la conférence

[1]. *Messager officiel de Saint-Pétersbourg* du 28 août 1898, communication du comte Mourawiew, chancelier de l'Empire russe. (*Questions Actuelles*, n° du 3 sept. 1898, pp. 130 et suiv.)

de la Haye n'ont pas produit les résultats pratiques et bienfaisants qu'avait eus en vue le jeune empereur.

Dès le commencement, sous la pression intéressée et malhonnête du gouvernement qui a dépouillé le Pape de sa souveraineté temporelle, et précisément en raison de cette spoliation inique, on a exclu des délibérations tenues dans la capitale de la Hollande le délégué du Pape, de l'auguste Pontife qui représente à travers l'évolution des siècles Celui dont le Prophète Isaïe avait annoncé la venue en le saluant du titre significatif de « Prince de la paix [1]. »

Assurément, si un homme était désigné entre tous les autres par sa situation même pour exercer, dans les conditions les plus rassurantes d'impartialité, les fonctions délicates de président de cette conférence et ultérieurement du tribunal arbitral constitué pour dirimer les querelles des nations et les empêcher d'en venir aux mains, c'était bien le vicaire de Jésus-Christ. Ainsi en avait jugé

____

1. Isaïe ix, 6.

le Prince de Bismark, quand il avait déféré au jugement de Léon XIII le conflit aigu survenu entre l'Allemagne et l'Espagne, au sujet des Carolines.

La Conférence de la Haye s'est dissoute sans avoir pu aboutir, sinon à un désarmement réciproque et général, du moins à une réduction dans les effectifs de ces armées qui dévorent le plus pur de la substance des peuples.

Or, sur ce point encore, le P. Gratry avait été un précurseur, à qui, plus d'une fois, des hommes qui se font gloire d'être pratiques avant tout et ne permettent pas au sentiment d'intervenir dans les affaires de ce monde, n'avaient pas ménagé leurs piquantes railleries. Je dois en convenir. Le P. Gratry se laissa souvent entraîner par sa chaude imagination à exprimer comme devant être réalisées à brève échéance des espérances auxquelles les événements infligèrent, même de son vivant, de cruels démentis. A la guerre de Crimée, d'où la France était sortie victorieuse, mais dont les résultats politiques et militaires devaient être de si éphémère durée et sans proportion aucune avec les flots de sang humain qu'ils avaient coûtés, succédèrent presque coup sur coup la guerre d'Italie, la guerre du Mexique et enfin cette effroyable guerre entre la France et la Prusse dont les stigmates demeurent imprimés dans nos flancs.

Après les faits accomplis, il est facile de qualifier d'illusions et de rêves les vœux ardents par lesquels le P. Gratry appelait le règne de la fraternité universelle. Il étendait facilement au monde entier la délicieuse vision qui l'avait ravi aux temps de sa jeunesse et il ne lui semblait pas chimérique de penser que l'humanité tout entière, par un continuel progrès de la sagesse et de la charité selon l'Evangile, pourrait devenir cette cité « dont tous les habitants s'ai- » maient » Isaïe n'avait-il pas prophétisé » qu'un temps viendrait où les peuples ne lè- » veraient plus le fer contre les peuples, et » changeraient leurs épées en socs de charrue

» et leurs lances en faucilles [1]. » Que si ces annonces de paix universelle et prochaine étaient prématurées, le P. Gratry se trouvait sur un terrain plus solide, lorsqu'il devançait par des pressentiments très justes et par d'exacts calculs les craintes récemment inspirées aux politiques, aux hommes d'affaires, aux chefs des nations, par les armements insensés dont les mutuelles jalousies des Etats civilisés leur imposent le fardeau écrasant, au détriment des intérêts les plus certains du commerce, de l'industrie et des progrès de la civilisation.

Je n'ai pas de peine à me représenter avec quelle allégresse tout évangélique il eût salué de ses vœux la réunion du Congrès tenu récemment en Hollande, et dont les travaux auraient pu s'inspirer de cette page qu'il écrivait en 1856, dans son délicieux livre de *la Paix*.

« Que pensez-vous de ceci, ô mon frère? » Supposez un instant les peuples européens » consacrant à la purification de la terre, à

1. Is. ii.

» l'organisation du globe dans la justice, au-
» tant de forces qu'ils en ont consacré aux
» dernières grandes guerres d'où nous sor-
» tons. Supposez que l'on ait décrété cet ef-
» fort pacifique autant que l'homme peut
» porter ce décret, sous l'œil de Dieu, en
» priant Dieu de le bénir ; puis, supposons
» que la même constance, la même pratique,
» la même quantité de courage, de dévoue-
» ment, de sacrifice, que le même nombre
» d'hommes, le même génie des chefs, la
» même union de tous, et le même nombre
» de vaisseaux et le même nombre de mil-
» liards soient appliqués à l'organisation du
» globe dans la justice et dans la paix : je
» demande si quelqu'un croit pouvoir an-
» noncer où s'arrêteraient les conséquences
» d'une pareille impulsion [1] ? »

Encore une fois, que l'on fasse aussi grande
que l'on voudra la part de la poésie dans ces
aspirations vers un avenir de fraternelle con-
corde entre tous ceux qui sont les fils d'un
même Père : elles n'en demeurent pas moins

1. *La Paix,* p. 26.

l'expression d'une idée, non seulement juste et légitime, mais foncièrement humanitaire et chrétienne. En un certain sens, la poésie inspirée par une foi très vive en l'action de la Providence est plus vraie que l'histoire elle-même. Celle-ci ne dit que ce qui est; la première dit ce qui devrait être. L'une narre le fait; l'autre formule le droit; celle-là n'a rapport qu'aux réalités contingentes et périssables; celle-ci s'appuie à des principes éternels comme la vérité et la justice de Dieu.

Aussi bien, dans les méditations si touchantes dont se compose le livre de la Paix, auquel je viens d'emprunter la citation précédente, le P. Gratry s'était inspiré d'une parole tout apostolique tombée des lèvres du vicaire de Jésus-Christ et qui justifiait amplement ce que quelques-uns appelaient ses audaces d'espérance ou même ses « utopies ».

« Il faut prier, avait dit Pie IX dans une
» allocution consistoriale du 1er août 1854 ;
» il faut prier, et ne pas cesser de le faire.

» Il faut que la guerre disparaisse et soit

» chassée de la face de la terre. Il faut que
» les enfants de Dieu trouvent la paix; que
» le mal soit vaincu ; que la joie vienne rem-
» plir les cœurs et que la grâce de Dieu soit
» répandue sur tous ceux qui sont engagés
» dans les voies de l'erreur [1]. »

Quand le P. Gratry appelait de ses vœux les plus ardents le règne de la paix universelle, il était donc en communion intime de pensée avec le Représentant visible du Sauveur Jésus sur la terre, et ses prétendues audaces de précurseur n'étaient, à vrai dire, qu'une application directe, logique, de l'esprit de l'Evangile aux rapports mutuels des nations chrétiennes.

Ici, je me vois obligé de faire une digression. Les citations que je viens d'emprunter au livre de la Paix me conduisent à rappeler avec quelle persévérance le P. Gratry se fit

---

1. Deum orare et observare non desistimus, ut auferat bella usque ad finem terræ, et omnia amovens dissidia Christianis principibus eorumque populis pacem, concordiam et tranquillitatem tribuat... populos a cunctis quibus affliguntur malis eripiat et omni vera prosperitate lætificet, et cælestis suæ gratiæ dona errantibus largiatur.

non seulement l'avocat, mais le champion de l'Irlande et de la Pologne, et dans quel langage tout apostolique il sut répéter aux oppresseurs de ces deux nations ce que le saint précurseur Jean-Baptiste avait dit à Hérode avec un courage qu'il paya de sa vie :

« Il ne vous est pas permis de garder celle » que vous avez prise *non licet tibi habere* » *eam* [1]. »

La septième méditation du livre de la Paix est une lettre fictive adressée par l'auteur à la reine d'Angleterre. Je viens de la relire au moment où s'engage la guerre du Transvaal, et quelques mois après le douloureux incident de Fachoda, qui a failli provoquer la guerre entre nous et nos voisins d'Outre-Manche. N'est-elle pas en vérité d'une actualité aussi saisissante qu'en 1856?

« Le peuple anglais avoue hautement qu'il » veut l'empire exclusif des mers, nécessaire » à ses intérêts. Or, qu'est-ce que la mer, si- » non la voie publique du globe? De même » donc qu'autrefois les brigands se tenaient

» embusqués et armés dans les défilés des
» montagnes, de même ce peuple est embus-
» qué dans les défilés de la mer, et il occupe
» de ses canons et de ses batteries rasantes
» tous les détroits, c'est pour cela qu'il tient
» si solidement Gibraltar, pris à l'Europe par
» guet-apens ; Malte réellement volée à l'Eu-
» rope ; Corfou, qu'il traite comme la Russie
» traite la Pologne ; Héligoland, enlevée au
» Danemark ; l'île de France, cette Malte de
» l'Océan indien, prise à la France ; le Cap,
» pris à la Hollande, son alliée ; Aden qu'il
» prend aux Turcs et dont il fait le Gibral-
» tar de la mer Rouge [1]... »

A ce peuple, dont le premier ministre dé-
clarait en 1861, que les Etats du Pape étaient
plus mal « gouvernés que l'empire Turc [2], »
le P. Gratry rappelait la conquête de l'Irlande, l'oppression que le fanatisme protes-
tant avait fait peser sur ce pays durant trois
siècles, la misère sans nom qui sévissait sur

1. *La Paix*, p. 222.
2. Paroles prononcées par Lord John Russell à la Chambre des Communes le 3 mai 1851.

sa population agricole réduite à mourir de faim sur son propre sol, ou obligée d'émigrer en masse et d'aller coloniser les immenses territoires de l'Amérique du Nord [1]

Quant à la Pologne, on peut dire qu'elle a été comme une plaie saignante faite au cœur du P. Gratry et qui lui a maintes fois arraché les plus pathétiques gémissements.

C'est lui qui a dit cette parole qu'il faudrait, s'il était possible, écrire en lettres de feu sur les portes de toutes les Chancelleries :

« Depuis que l'Europe chrétienne a laissé » dépecer la Pologne, elle est en état de pé- » ché mortel [2]. »

Il avait consacré à cette infortunée nation. la dixième méditation du livre de la *Paix.*

---

1. C'est par les conseils, j'allais presque dire par l'ordre du P. Gratry que j'entrepris en 1860 un voyage en Irlande. Pendant trois mois, j'étudiai sur place la situation économique, sociale, religieuse, faite à ce pays par la domination anglaise. A la suite de cette enquête, je publiai en 1862 mes Etudes sur l'Irlande contemporaine. (Deux volumes in 8° précédés d'une Introduction par Mgr Dupanloup.)

2. *La Crise de la foi.* (Conférences de Saint-Etienne du Mont.)

« Nous voyons trois nations chrétiennes,
» la Russie, la Prusse et l'Autriche, coupa-
» bles solidairement d'un des plus grands
» crimes de l'histoire, celui que Joseph de
» Maistre a nommé *l'exécrable partage de la*
» *Pologne.* Trois États, constitués pour ce
» crime spécial en *États Brigands,* (c'est le
» mot de Channing) ont renversé par trahi-
» son, assassiné, divisé comme un corps vi-
» vant que l'on coupe, la glorieuse et noble
» Pologne... Il n'y aura pas de paix en Europe
» tant que cet abominable scandale troublera
» tout [1]. »

Et en présence des scènes inoubliables des
massacres de Varsovie accomplis sur des
foules sans armes qui priaient et chantaient
des hymnes en tombant sous les balles des
soldats russes, le P. Gratry s'appropriait les
beaux vers du poète national de la Pologne,
Krasinski, interpellant ainsi ses compatrio-
tes :

« Faut-il être meurtrier avec les meurtriers,
» criminel avec les criminels? Faut-il men-

1. *La Paix,* p. 176.

» tir, haïr, tuer et blasphémer? Le monde
» nous crie : à ce prix la puissance et la li-
» berté sont à vous, sinon rien !

» Non, mon âme, non ! Pas avec ces armes !
» Le poids du sacrifice peut seul écraser à
» son tour le sort qui nous écrase. Dans l'his-
» toire du monde, le sacrifice est un lion in-
» vincible ; le crime, c'est la balayure que
» le vent enlève en passant.

» Oh! non, ma patrie, sois plutôt la patience
» qui enseigne comment on élève l'édifice
» pierre par pierre ; sois l'inflexible volonté
» et l'humble recueillement qui prépare la
» victoire future; sois le calme dans la tem-
» pête ; sois l'harmonie au milieu des cris de
» discorde ; sois l'éternelle beauté au milieu
» des laideurs ; sois pour les lâches et les
» pharisiens, le silence méprisant qui acca-
» ble; sois pour les faibles la force qui relève
» les courages ; sois l'espérance de ceux qui
» perdent l'espérance. Dans ton combat con-
» tre l'enfer de ce monde qui se dresse con-
» tre toi, sois cette force tranquille et aimante,
» contre laquelle l'enfer ne prévaudra jamais. »

» Parmi les nations, il y en a qui sont élues
» pour défendre, sur la terre, la cause de la
» beauté céleste et pour donner au monde
» un évangélique exemple, en portant pen-
» dant de longs jours leur lourde croix sur
» la route inondée de sang, jusqu'à ce que
» par une lutte sublime elles aient donné
» aux hommes une idée plus divine, ô Sei-
» gneur, une charité plus sainte, une plus
» large fraternité, en échange du glaive
» qu'on a plongé dans leur poitrine. Telle
» est votre Pologne, ô Jésus-Christ[1]. »

Comme le P. Gratry, après avoir transcrit
cette page, je m'écrie « Poète évangélique,
» sois béni! » Plaise à Dieu que le vingtième
siècle donne raison aux protestations indi-
gnées et aux généreuses espérances si élo-
quemment exprimées par le P. Gratry! Quelle
gloire de plus pour lui si on pouvait un jour
dire qu'il a été le précurseur de l'autonomie
de l'Irlande et de la résurrection de cette
nation polonaise dont Bossuet a dit « qu'elle

1. Krasinski, cité dans *la Paix*, p. 131.

» est nécessaire à son Eglise, et qu'il lui doit
» un vengeur[1] »

III

Il est un troisième point sur lequel j'ai à

1. Bossuet, *Oraison funèbre d'Anne de Gonzague.* En
même temps que le P. Gratry me suggérait de faire une
étude à fond sur la situation de l'Irlande pour être en droit
de rappeler à l'Angleterre accusant le pape de mal gouver-
ner ses états le mot de la divine Sagesse : « avant de voir
» la paille qui est dans l'œil de votre prochain, regardez
» donc la poutre qui est dans votre œil », il demandait au
P. Lescœur de se livrer à un travail semblable sur la Pologne et le régime auquel était soumise la partie de ce pays
possédée par la Russie. Le livre du P. Lescœur, intitulé :
« L'Eglise catholique en Pologne sous le gouvernement
» russe » parut au mois d'octobre. Une seconde édition,
plus développée fut publiée en 1876 (deux volumes in-8°
chez Plon, rue Garancière). Je serais tenté d'appliquer ici
l'axiome des scolastiques, *Causa causans est causa causati*
et de dire que si le P. Lescœur et moi avons, de nos mains,
composé ces deux ouvrages, leur paternité véritable revient à celui qui nous avait inspiré de les écrire et qui avait
allumé dans nos cœurs les flammes de la sainte indignation dont son âme était brûlée devant les iniquités des oppresseurs, et des indicibles souffrances des opprimés.

justifier le titre de *précurseur* que j'ai donné au P. Gratry.

Assurément, l'étude scientifique du mécanisme de la société ne date pas d'hier. En remontant jusqu'aux dernières années du xviie siècle, on retrouverait aisément la genèse et la généalogie de la science appelée d'un nom qui ne rend pas un compte adéquat des questions qu'elle étudie et cherche à résoudre : « l'économie politique. » Vauban, Bois-Guillebert, et même pour une part Fénelon, dans la seconde moitié du règne de Louis XIV ; plus tard, Turgot, Necker d'autres encore ; enfin, à notre époque J.-B. Say, Bastiat, Le Play, avaient scruté avec un soin minutieux tous les rouages du mécanisme social, et médité les graves problèmes qui se posent à leur occasion et qui touchent aux plus constants et aux plus vivants intérêts des hommes : l'inégalité des conditions, la richesse et la pauvreté, le travail et le capital avec leurs relations, dans le triple domaine de l'agriculture, du commerce de l'industrie etc. On peut dire cependant que, jusqu'à quelques années près, cette science paraissait avoir un caractère exclusif et très limité. Il y avait des économistes, comme il y a des astronomes, des mathématiciens, des orientalistes. C'était une branche d'études tout à fait spéciale et qui tenait peu de place dans les préoccupations du public.

Le clergé lui-même, absorbé par les incessantes sollicitudes de son ministère sacré, demeurait généralement étranger à cette science. Il aurait pris volontiers pour devise cette inscription funéraire de je ne sais plus quel personnage sur la tombe duquel deux mots très expressifs rappelaient que ce qu'il avait recherché pendant sa vie, c'était le ciel, et non pas la terre : *non solum, sed cœlum.* Aussi, ne fut-on pas médiocrement surpris lorsque, il y a huit ans, imitateur fidèle du père de famille qui tire de son trésor « les choses anciennes et les choses nouvelles » le même Pape, qui avait fait un si vigoureux effort pour remettre en honneur dans nos Ecoles la philosophie scolastique du moyen-âge, prit pour sujet d'une Encyclique tout à fois doctrinale et pastorale « la condition des ouvriers[1]. »

Toutes les questions qui relèvent de la science humaine de l'économie politique y étaient abordées et résolues : la propriété, la famille, les devoirs des riches et des patrons, les devoirs et les droits des travailleurs, le salaire, la création des institutions économiques et de prévoyance, les associations corporatives, la connexion intime des lois éternelles de la religion avec le mécanisme des fonctions et des relations sociales.

Ce résumé substantiel et lumineux se terminait par une invitation chaleureuse adressée à tous les hommes de cœur, et particulièrement aux membres du clergé. Léon XIII les exhortait à ne pas abandonner l'étude de ces questions d'un intérêt capital et universel à ceux qui n'y cherchent qu'un élément de désordre et de dangereuse popularité. Au socialisme révolutionnaire, qui affecte audacieusement la prétention de refaire de toute pièce une humanité « sans Dieu

____

1. *De conditione opificum,* 15 mai 1891.

» et sans maître » et s'efforce de persuader au peuple que la religion issue de l'Evangile n'est qu'un instrument d'intolérance et d'oppression, il faut opposer une science chrétienne et pratique, faite d'attention et de dévouement, de sagacité intellectuelle et d'activité, science dans laquelle les catholiques et leurs prêtres doivent ne se laisser distancer par personne, et tout au contraire acquérir une compétence qui leur permette de redire à leurs contradicteurs la fière parole de Job : nous avons autant d'intelligence et de cœur que vous [1].

Or, ce conseil donné aux fils de l'Evangile et surtout à leurs guides spirituels par la clairvoyance de la sentinelle préposée par Dieu à la garde de son peuple ; ce pressant appel à faire sortir de la parole et de l'œuvre du Verbe incarné toutes leurs conséquences privées et publiques ; de les appliquer, non seulement à la conquête de la vie éternelle, mais à l'organisation la plus complète possible de la justice sociale sur la terre et dès

____

[1]. Est mihi et cor sicut vobis (Job xii, 3.)

la vie présente : je les trouve chez le **P.** Gratry continuellement mêlées à ses préoccupations philosophiques et tenant une place toujours plus grande dans son apostolat.

Chose digne de remarque : c'est par là qu'il avait débuté.

En 1848, âgé de 43 ans, au lendemain des sanglantes journées de juin, sous l'émotion immédiate des scènes sanglantes dont Paris venait d'être le théâtre, il avait composé et publié son premier livre. C'était une petite brochure de 110 pages, en forme de catéchisme, avec ce titre qui pourrait très bien convenir à une table analytique des matières traitées dans l'Encyclique de 1891 « Demandes et réponses sur les devoirs sociaux. » Quatre députés de l'Assemblée constituante, un laïque, M. Chapot, et trois évêques, Mgr le Graverend, évêque de Quimper, Mgr Fayet, évêque d'Orléans, Mgr Parisis, évêque de Langres, avaient adressé à l'auteur encore inconnu les plus chaudes félicitations.

« Mon avis très positif, disait Mgr Parisis, » est que l'on n'a encore rien publié en cette

» matière de supérieur à cet écrit pour la
» netteté des aperçus, la justesse des juge-
» ments et la lumière qu'il répand sur des
» sujets nouveaux et généralement mal
» compris. »

L'approbation de Mgr Fayet n'était pas
moins explicite. « Cet excellent petit ouvrage
» est plein d'esprit et de sens; il annonce
» dans son auteur une profonde connaissance
» de la religion et de ses rapports avec tous
» les besoins des sociétés humaines, il ren-
» verse par des raisonnements à la portée
» de toutes les intelligences ces modernes
» systèmes qui, sous des noms divers, ten-
» dent à ramener la barbarie sur la terre. »

La courte préface de l'auteur avait été
écrite au bruit du canon qui tonnait encore
dans Paris. J'en détache ces phrases :

« Je viens de quitter l'archevêque mourant
» (Mgr Affre). J'ai baisé sa main vénérable.
» Je rentre tout plein de sa dernière parole :
» Qu'il n'y ait plus de guerre civile parmi
» nous et que mon sang soit le dernier
» versé..... L'ignorance du devoir social est

» la source du sang dont Paris fume encore.

» Puisse l'esprit du Christ mis en action et en

» lumière par la mort de ce vrai pasteur,

» chasser enfin de nos âmes incertaines les

» ténèbres de l'esprit d'homicide, de men-

» songe et d'iniquité[1] !

1. Ce petit catéchisme social comprenait onze chapitres dont voici les titres :

1° La société ; 2° le genre humain ; 3° la patrie ; 4° la famille ; 5° le progrès social ; 6° les crimes sociaux ; 7° les crimes sociaux : le vol ; 8° les crimes sociaux : l'adultère, la débauche ; 9° les crimes sociaux : le mensonge et le faux témoignage ; 10° résumé des quatre chapitres précédents ; 11° l'assemblée universelle.

En 1871, après les sanglantes saturnales de la Commune, ce petit volume était réédité par le P. Gratry sous ce titre : *Les Sources de la régénération sociale*. Il le faisait précéder d'une introduction qu'il est intéressant de rapprocher de la préface de juin 1848.

Juin 1871.

« Nous réimprimons aujourd'hui ce volume tel qu'il fut » écrit, il y a bientôt un quart de siècle, sous la dictée des » événements et de l'aspect public de cette époque.

» On y verra quelles espérances nous avions tous alors » pour notre chère patrie. Aujourd'hui, après nos catastro- » phes, ces espérances paraîtront bien difficiles à mainte- » nir. C'est qu'alors on voyait dans les âmes les prémices » d'un réveil religieux qui travaillait à rapprocher les cœurs. » Aujourd'hui, c'est une invasion d'athéisme et de haine,

IV

Combattre l'ignorance du devoir social, non seulement chez ceux qui, de parti pris, repoussent la lumière du christianisme et rêvent une société uniquement fondée sur les principes de la raison naturelle, mais encore et surtout, chez ceux qui faisant profession de croire à l'Evangile ne savent pas en voir les nécessaires applications à tous les besoins de l'homme, individuels et sociaux : cette pensée, inscrite en tête des premières pages qu'il livrait à la publicité, ne quitta plus l'abbé Gratry. Comme le levain de la parabole évangélique, elle devait se mêler désormais à toute son œuvre de penseur, d'écrivain, de prêtre, d'apologiste et d'apôtre.

» un esprit d'homicide qui entreprend de détruire la France.
» Mais gloire à Dieu qui nous défend le désespoir !
» Les chrétiens peuvent se réveiller, les chrétiens peu-
» vent s'unir. Tout homme qui conserve le sens moral et
» la raison est pour nous. L'esprit de l'ère nouvelle peut
» encore expulser Satan et nous sauver ».

On en sera convaincu, si l'on veut bien lire avec attention les quelques pages qui suivent. Elles se composent de fragments que je détache textuellement de ses divers ouvrages et auxquels je ne mêle rien de moi, sinon çà et là quelques mots pour les relier entre eux.

« Le temps est venu où les chrétiens vont
» se mettre au travail pour traduire en lan-
» gage contemporain la grande philosophie
» chrétienne; pour l'étendre aux besoins de
» la vie des peuples [1].

» La grande démonstration évangélique,
» ce sera la vertu vivante de Jésus-Christ et
» de son Eglise pour résoudre l'impossible
» problème de multiplier dans le genre hu-
» main et dans toutes les nations le pain, la
» justice, la vérité, la liberté [2].

» C'est le discours sur la montagne qu'il
» faut réaliser, opérer, incarner dans le
» monde. Celui, dit le Seigneur, qui pratique
» ce que je vous enseigne ici, *qui facit verba*

1. *Logique*, t. II, p. 221.
2. *Commentaire de l'Evangile de S. Mathieu*, t. I, p. 40.

» *mea hæc,* celui-là est le sage qui bâtit sur
» le roc.

» Jusqu'à présent les hommes, dans l'édi-
» fice des sociétés humaines, n'ont pas assez
» bâti sur le vrai fondement... Certes, il y a
» un fond général des sociétés humaines qui
» est comme le granit du globe, qui dépend
» de Dieu seul ; mais dans cette partie des
» constructions politiques et sociales qui dé-
» pend de l'opération et de la volonté des
» hommes, jamais encore l'on n'avait su
» prendre pleinement et décidément l'Evan-
» gile pour fondement ; l'Evangile, c'est-à-
» dire la justice évidente, nécessaire, éter-
» nelle, unifiée et solidifiée par la force
» divine du Christ. De là l'inévitable déca-
» dence des républiques, des monarchies et
» des empires.

» Les hommes bâtissaient sur le sable ; les
» tempêtes, les inondations emportaient ces
» maisons mal fondées [1].

» Que vois-je chez les peuples chrétiens?...
» Je vois surtout l'Evangile annoncé aux

—————

1. Ib., pages 145-146.

» pauvres. Je vois des lumières de justice
» universelle que la sagesse antique était ra-
» dicalement incapable de concevoir. Je vois
» aujourd'hui même, plus que jamais, cette
» conviction universelle indiscutée : que le
» devoir social consiste à donner au moin-
» dre de ces petits la lumière et le pain, la
» dignité humaine, la liberté [1].

» Le monde contemporain se trouve au-
» jourd'hui en présence d'un raisonnement
» magnifique, simple et profond, qui saisit
» les yeux même de la foule et qui, se véri-
» fiant de plus en plus dans la vie matérielle
» des sociétés, ramènera les multitudes hu-
» maines à Jésus-Christ.

» Voici ce raisonnement :

» Nul progrès de bien-être pour une na-
» tion ni pour le genre humain sans un pro-
» grès de moralité ;

» Nul progrès de moralité sans un progrès
» de religion ;

» Aucun progrès de religion sans Jésus-
» Christ.

1. Ib., p. 248.

» Donc Jésus-Christ seul multiplie les
» pains.

» La nouvelle et grande phase sociale de
» l'Evangile ne sera introduite dans le monde
» que par des hommes d'ardente prière et de
» foi toute-puissante [1].

» Mais hélas ! avant toutes choses, il faut
» que notre monde contemporain, déposant
» son orgueil prodigieux, sache reconnaître
» pourquoi tant de sang et d'efforts, tant de
» cris et d'agitations ne l'ont point rappro-
» ché de cet idéal de justice et de liberté
» qu'il poursuit. Il faut que notre orgueil
» comprenne la cause des étonnants mé-
» comptes, des prodigieuses humiliations,
» des chutes et des rechutes qui ne cessent
» de nous avertir. Il faut, dis-je — ce dont
» nous sommes bien loin — que nous nous
» décidions à reconnaître que nous sommes
» des aveugles. Nous sommes aveugles parce
» que nous voulons le progrès et que nous
» rejetons en même temps l'unique force
» qui peut opérer le progrès. Nous sommes

1. Ib., p. 340, 342.

14

» aveugles, parce que nous prétendons aller
» à la justice, à la liberté, par le luxe, la joie,
» la sensualité, l'avidité croissante, le débor-
» dement des passions, l'égoïsme et l'irréli-
» gion, c'est-à-dire en redescendant vers
» l'animalité. Nous sommes aveugles, parce
» que nous ne voyons pas ce que tout œil
» doit voir ; que ce qui conduit au progrès
» c'est le contraire absolu de ces vices,
» c'est le retour de l'homme vers l'âme, vers
» le devoir, vers la vie de l'esprit, vers Dieu ;
» travail, sobriété, respect, continence, vertu,
» religion ; voilà l'unique semence de la jus-
» tice et de la liberté ; il n'y en a pas d'au-
» tre [1].

Ne semblerait-il pas que toutes ces choses ont été écrites après une étude approfondie de l'Encyclique de 1891, postérieure de dix-neuf ans à la mort du P. Gratry ?

Que dirai-je maintenant de l'ardeur avec laquelle, dans ses prédications, il exhortait ses auditeurs à s'occuper des questions sociales. non seulement d'une façon spéculative

____

1. Ib., T. II. p. 232

et par l'étude attentive des auteurs qui les ont traitées, mais encore et surtout par un contact direct, personnel avec ceux qui travaillent et qui souffrent? J'ai souvenir que, pendant plusieurs années, son idée fixe était d'aller s'établir avec trois ou quatre oratoriens dans une paroisse de la banlieue de Paris ; et là, en s'aidant de quelques laïques dévoués, d'essayer de montrer aux travailleurs qui se laissent si souvent séduire et tromper par de dangereuses chimères combien l'Evangile, mis en pratique à tous les degrés de l'échelle sociale, aurait d'efficacité pour assurer aux hommes la plus grande somme possible de félicité terrestre. Un jour où il comptait beaucoup de jeunes gens dans son auditoire, il les avait conviés par des paroles encore plus entraînantes que de coutume à dédaigner les faux biens et les joies frivoles de ce monde; à poursuivre avant tout l'avénement du règne de Dieu, à prendre leur part effective de la béatitude qui consiste dans la faim et dans la soif de la justice. Quelques semaines après, à ceux qui étaient venus lui promettre de faire en ce sens un effort sérieux et à mettre ses exhortations en pratique, il donnait une petite croix d'argent sur laquelle il avait fait graver ce mot du Sauveur dans l'Evangile Esurivi, j'ai eu faim.

Il y a quelques années, dans la personne d'un ancien magistrat, je retrouvais un des chrétiens qui avaient sollicité, reçu, gardé la petite croix. Il remerciait Dieu avec moi d'être demeuré fidèle à ce serment de sa jeunesse, inspiré par le zèle du P. Gratry pour le règne social de Jésus-Christ dans le monde.

V

Cette préoccupation lui tenait trop à cœur pour qu'il se contentât du petit livre qu'elle lui avait suggéré au commencement de sa carrière d'écrivain, ou des nombreuses allusions qu'il y avait faites, soit dans ses ouvrages de philosophie, soit dans son ensei-

gnement oral. Il voulut y consacrer un travail spécial auquel il donna de grandes proportions et qui fut presque son testament
spirituel.

En 1868, quatre ans avant sa mort, il publiait deux volumes intitulés : *La Morale et
la Loi de l'histoire*. Il aurait pu donner pour
épigraphe à ce travail ces belles paroles de
Malebranche qu'il aimait d'ailleurs à citer
et dont il s'inspirait toujours davantage à
mesure que les années s'accumulaient sur
sa tête : « Mon unique Maître, je ne veux
» plus vous consulter que sur les vérités qui
» me sont nécessaires pour me conduire
» à la possession des vrais biens. Le temps
» est court, la mort s'approche, et je dois
» entrer dans l'éternité telle que je l'aurai
» méritée. La pensée de la mort change
» toutes mes vues et rompt tous mes des-
» seins. Tout disparaît ou change de face
» lorsque je pense à l'éternité.

» Sciences abstraites, quelque éclatantes
» et sublimes que vous soyez, vous n'êtes

» que vanité ; je vous abandonne. Je veux
» étudier la religion et la morale. [1] »

Chercher et trouver dans l'Evangile, outre
les règles de la conduite du chrétien, les
principes dont l'application peut seule assurer le règne de la justice dans le monde ;
concilier les droits de la liberté avec ceux de
l'autorité ; faire cesser l'antagonisme des
classes, apprendre aux hommes à s'entr'aider
et à s'entr'aimer afin de tirer un meilleur
parti des ressources immenses que la Providence a déposées à leur intention dans la
nature en vue d'améliorer leur condition
terrestre ; enfin, comme le dit admirablement S. Augustin, amener progressivement
la vie humaine à être une préparation prochaine à la béatitude éternelle [2] : telle est
l'idée maîtresse de ce livre.

1. Malebranche, 9e méditation.
2. Cujus (Christi et Ecclesiæ) præcepta de justis probis-
que moribus si simul audirent atque curarent reges terræ
et omnes populi, principes et omnes judices terræ, juvenes
et virgines, seniores cum junioribus, illas omnis capax et
uterque sexus, et quos Baptista alloquitur, exactores ipsi
atque milites, et *terras vitæ presentis ornaret sua felicitate
respublica et vitæ æternæ culmen beatissime regnatura ascen-
deret* (S. Aug. *De civ. Dei*, 1. II, ch. **xix**.)

Comment les mêmes causes qui retiennent les âmes captives dans le mal sont autant d'obstacles qui retardent ou rendent impossible le progrès général des sociétés : c'est ce que l'auteur démontre avec une précision lumineuse. Il suit de là qu'il est chimérique d'inscrire dans les constitutions politiques des formules retentissantes, tout en étant vraies en soi, si, au préalable, les hommes par et pour lesquels ces constitutions sont faites ne réalisent pas dans leur vie personnelle les vertus qui seules peuvent fonder le règne de la justice, de la liberté, de l'égalité, de la fraternité.

« La morale est donc la loi de l'histoire.
» La morale qui est la vie des sociétés et la
» cause des progrès humains, est la même
» que celle qui, jour par jour, doit gouver-
» ner chacun de nous. Il n'y a qu'une mo-
» rale, une et la même en tout temps, en
» tous lieux, une et la même d'homme à
» homme, de peuple à peuple, de gouver-
» nant à gouverné. Il n'y a pas une morale
» individuelle et une morale sociale, une

» morale politique et une morale internatio-
» nale. Il y a la morale absolue, loi univer-
» selle de l'histoire, loi nécessaire de tous
» les faits humains, loi souveraine qui dé-
» truit ce qui lui résiste et vivifie ce qui lui
» obéit [1]. »

« Tout revient à savoir si les hommes ai-
» meront la justice, s'ils peuvent la pratiquer
» plus qu'ils ne la pratiquent, si l'on modi-
» fiera le cœur humain, s'il est enfin quel-
» que moyen d'améliorer et d'élever la masse
» des hommes.

» Or, c'est ici même qu'intervient l'Evan-
» gile pour répondre que l'on peut, que l'on
» doit améliorer la masse des hommes et
» qu'on y parviendra. C'est là précisément
» la bonne nouvelle annonçant que l'on peut
» effacer et détruire le péché. Et l'Evangile,
» qui n'est pas seulement une loi, mais en-
» core une lumière et qui plus est une force,
» l'Evangile est intervenu depuis bien des
» siècles déjà non pas seulement par des
» discours, mais par une vertu efficace, pour

____

1. *La Morale et la Loi de l'histoire.* T. I, p. 297.

» détruire en effet l'iniquité dans les cœurs
» et parmi les nations.

» L'Evangile ne montre pas seulement
» l'obstacle; mais il montre et il ouvre la
» source même des forces. Il donne le détail
» des moyens par lesquels nous pouvons
» enlever l'obstacle et appliquer les forces
» au progrès réel de la vie des nations [1]. »

Bien comprise, la question sociale se ramène donc à la question religieuse et il faut toujours revenir à ces formules que je cite de nouveau. Elles ont, dans leur sphère, toute la valeur de ces théorèmes de géométrie dont la preuve se fait avec une rigueur absolue ou dont la rigoureuse évidence s'impose de prime-abord à toute raison :

« Nul progrès de bien-être sans un progrès
» de moralité;

» Nul progrès de moralité sans un progrès
» de religion;

» Nul progrès de religion sans Jésus-
» Christ [2]. »

1. Ib. T. II, p. 32.
2. *Commentaires sur l'Evangile de S. Mathieu.* T. I, p. 340.

Aussi bien, c'est la religion seule, et non pas la science, qui a une portée sociale. C'est ce que démontrait naguères d'une façon péremptoire un vigoureux esprit que j'aime à citer ici :

« La science, disait M. Ferd. Brunetière, » est incapable de nous fournir une explica- » tion ou une interprétation acceptable de » l'univers. Elle est incapable de fonder une » morale. Elle est incapable enfin de se » substituer à la religion dans l'évolution » sociale de l'humanité.

» Nous ne devons à la raison aucun des » principes sur lesquels les sociétés repo- » sent; et la preuve, c'est que, si vous vou- » lez ébranler jusque dans leurs fondements » sociétés et principes, on pourrait presque » dire qu'il suffit de les rationaliser. . . » . . . . . Historiquement, l'évolution » sociale est inconcevable sans une part d'ir- » rationnel qui s'y mêle, qui la dirige peut- » être. . . . . . Avant tout, la ques- » tion religieuse est une question sociale [1]. »

1. Ferd. Brunetière. *Revue des Deux-Mondes*, du 15 octobre 1896.

Sans en avoir eu l'intention sans doute, l'éminent et vaillant publiciste confirmait là, par l'autorité de la saine raison, les enseignements donnés par le Pape Léon XIII sur la question sociale — enseignements auxquels avait préludé la sagacité philosophique de l'auteur de la Morale et de la loi de l'Histoire à qui, de nouveau, je décerne le titre de *Précurseur*.

VI

Enfin, je le lui applique encore pour avoir occasion de rappeler de quelle façon il a combattu par la plume et par la parole l'iniquité sociale qui déshonore et désole encore une partie du globe : l'esclavage.

Jamais, Dieu merci, le silence ne s'est fait parmi nous sur ce crime de lèse-humanité bien des fois solennellement flétri, comme il mérite de l'être, par les chefs de la société chrétienne. A cet égard, il serait aussi triste et humiliant qu'inexact d'attribuer au P. Gratry le mérite d'avoir été le premier à dénoncer les horreurs de ce fléau et ses lamentables conséquences. Si donc je me sers de ce terme de *précurseur*, c'est pour dire que, par ses vigoureuses et vibrantes protestations, le P. Gratry a préparé les hommes de notre génération [1] à seconder de leurs efforts la croisade contre l'esclavage inaugurée avec tant d'éclat par S.S. le Pape Léon XIII et servie avec le plus admirable dévouement par un évêque français, le cardinal Lavigerie.

Les enseignements dogmatiques donnés par le Souverain Pontife sur ce grave et douloureux problème dans sa Lettre aux évêques du Brésil [2] et dans son Encyclique du 20 juin 1888, les accents d'apostolique indignation avec lesquels en France, en Italie,

---

1. J'aime à lui associer dans cet hommage deux laïques, dont les travaux ont également contribué aux mêmes résultats, M. Henri Wallon, mon ancien et vénéré maître de l'Ecole normale, par son histoire de l'esclavage dans l'antiquité, et M. Augustin Cochin, par son livre sur l'abolition de l'esclavage.

2. 5 mai 1888.

en Belgique, en Angleterre, l'illustre primat
de l'Eglise d'Afrique trouva le chemin des
cœurs, fit verser des larmes de pitié, provoqua de magnifiques aumônes : je retrouve
tout cela en germe dans les pages que le
P. Gratry a écrites sur l'esclavage à la fin de
son commentaire sur l'Evangile de S. Mathieu, publié en 1863. Il signalait « dans
» toute l'Afrique, les hommes tués et chassés
» comme gibier, à époque fixe, chaque an-
» née ; puis les grandes hécatombes qui, à
» la mort des rois sauvages, immolent des
» hommes, de par la loi civile et religieuse,
» non par centaines, mais par milliers ; puis
» les longues et indescriptibles tortures que
» font souffrir les cannibales à l'ennemi
» vaincu [1]. »

Ne croirait-on pas ces lignes extraites du
plus récent bulletin rédigé par nos admirables missionnaires du Dahomey et de l'Ou-
banghi?

Dans le livre de la Morale et de la Loi de
l'histoire, tout le chapitre VIIe du tome pre-

---

1. *Commentaire sur l'Evangile de S. Mathieu.* T. II, p. 312.

mier est consacre à la question de l'esclavage.
Le P. Gratry clouait au pilori de l'histoire un
message, honteusement fameux, publié en
1860 par le Président de la République des
Etats-Unis qui osait qualifier de « droit sacré
» de la propriété la possession de l'homme
» par l'homme[1]. » Il montrait ensuite comment cette impudente glorification de l'esclavage avait reçu son châtiment providentiel
et éclatant dans la guerre de sécession et
dans les torrents de sang qu'elle avait fait
répandre. Puis, au criminel message de 1860,
il était heureux, au nom de la dignité humaine
et de la fraternité selon l'Evangile, d'opposer
l'acte de contrition exprimé quelques années
plus tard par un autre chef de la République
Américaine.

---

1. *Crise de la foi*, p. 219. Dans un journal des états d'esclaves du Sud, on pouvait lire cette déclaration cynique :
« Le Sud soutient aujourd'hui que l'esclavage est bon, naturel, nécessaire. Quoique évidemment les nègres doivent
être plutôt esclaves que les blancs, car ils ne peuvent que
travailler et non diriger, cependant le principe de l'esclavage en lui-même est bon, et ne dépend pas de la différence
des races. (*Enquirer* de Richmond, avril 1863, *Crise de la foi*,
p. 207.)

« Nous prions avec ferveur, disait en 1861
» le Président Lincoln, pour que cette cruelle
» guerre touche à sa fin. Cependant, si Dieu
» veut que ce grand fléau continue jusqu'à
» ce que toutes les richesses accumulées par
» deux cent cinquante ans du cruel travail de
» l'esclave aient été englouties, jusqu'à ce
» que chaque goutte de sang arrachée par le
» fouet soit payée par une goutte de sang
» découlant sous le glaive, nous ne pourrons
» nous plaindre et nous devrons encore le
» confesser : oui, les jugements du Seigneur
» sont justes [1]. »

C'est encore en présence des scènes indescriptibles de meurtre et de désolation racon-
tées par les missionnaires et les explorateurs
du continent africain que le P. Gratry écrivait :

« Je ne puis lire, sans perdre une partie
» de ma force pour la journée, tous ces récits
» de nègres mourant sous les coups, de
» cannibales se mangeant entre eux, de fa-
» milles d'esclaves coupées, vendues, sépa-

1. *La Morale et la Loi de l'histoire*, t. I, p. 141.

» rément, membre par membre... Ces spec-
» tacles m'écrasent. Et cependant, je veux
» les regarder en face et je veux les faire
» regarder. Pourquoi? Pour qu'ils nous
» apprennent ce qu'est la vie et ce qu'est le
» monde, et qu'ils nous soulèvent tous jus-
» qu'à cette indignation triomphante à qui
» rien ne résiste [1]. »

Vingt ans après, dans une conférence faite
à Bruxelles, le cardinal Lavigerie, décrivant
les mêmes abominations disait : « Pour sau-
» ver l'Afrique intérieure, il faut soulever la
» colère du monde. »

Je rappelle ces souvenirs quelques mois
avant la réunion du congrès anti-esclavagiste
qui doit se tenir à Paris au mois d'août 1900.
Puissent beaucoup d'hommes de cœur, de
foi évangélique, de zèle et de dévouement,
marcher sur la trace de ces précurseurs de
justice et de liberté, et s'inspirer comme eux
de ces paroles de nos livres sapientiaux que
le P. Gratry répétait volontiers à ses disciples

---

1. *La Morale et la Loi de l'histoire*, t. I, p. 164.

pour les entraîner à sa suite dans ses généreuses initiatives.

« Délivrez ceux que l'on conduit à la
» mort : ne vous lassez pas de délivrer ceux
» que l'on traîne à leur perte. Ne dites pas
» que les forces vous manquent. Comptez
» sur Celui qui sonde le fond des cœurs et
» qui rendra à chacun selon ses œuvres[1]. »

1. « Erue eos qui ducuntur ad mortem, et qui trahuntur
ad interitum liberare ne cesses. Si dixeris : vires non supputunt, qui inspector est cordis, ipse intelligit, reddetque
homini juxta opera sua. (Prov., xxiv, 11, 12.)

CHAPITRE VIII

L'ÉCRIVAIN

En dépit de l'ostracisme dont a voulu
le frapper la philosophie systématiquement
étrangère à la foi et, par là même, la plupart
du temps hostile à la foi, le P. Gratry a été,
il demeurera un philosophe, un vrai cher-
cheur de la sagesse, un penseur original et
profond dont les écrits laisseront dans l'histoire intellectuelle de notre siècle une trace
lumineuse[1]. Il a été, il demeurera un de ces

---

1. Plût à Dieu que cet ostracisme injuste pût n'être impute
qu'aux préventions de la science anti-chrétienne. C'est une

guides tout à la fois hardis et expérimentés
que l'on peut suivre en toute sécurité quand
on s'engage dans les laborieuses ascensions
de la métaphysique et que l'on se sent le noble désir de parvenir jusqu'aux sommets;
guide d'autant plus sûr que lui-même, avant
de gravir ces hautes cimes, s'était mis à l'é-
cole des maîtres qui s'appellent Aristote et
Platon, S. Augustin et S. Thomas d'Aquin,
Leibniz et Bossuet, dont il avait, non pas
servilement résumé les travaux, mais tout en
gardant son indépendance, appliqué les méthodes et pour sa part personnelle développé
et enrichi les conclusions.

Philosophe, oui, il le fut, mais non à la
façon de ces méditatifs, comme on les appelait au temps de Malebranche, qui planent
toujours pour ainsi dire, au-dessus du monde
réel et semblent avoir oublié que les hommes
ne sont pas de purs esprits. Ce philosophe
était en même temps un vaillant champion

plus grande douleur pour moi de constater que des auteurs
catholiques l'ont pratiqué à l'égard du P. Gratry, sinon par
mauvais vouloir réfléchi, au moins par inattention.

de la vérité, sachant très bien, quand cela
était nécessaire, quitter les *templa serena*
de la contemplation et descendre dans l'arène
pour y combattre les doctrines erronées, dé-
sarmer s'il était possible leurs auteurs et
guérir les blessures faites par eux aux intelligences. Mais ce lutteur, rompu à tous les
procédés de la controverse était par dessus
tout un apôtre, plus soucieux de promou-
voir dans les âmes le règne du bien que
d'épuiser ses forces dans les polémiques contre le mal; un apôtre animé par la foi la
plus vive, une indomptable espérance, et une
ardente charité; absolument convaincu de
la divine, universelle et inépuisable efficacité
de l'Evangile pour résoudre tous les problèmes que se pose l'incessante curiosité de
l'esprit humain et conduire, non seulement
les individus, mais les sociétés à la pratique effective de la justice et de la charité,
et par conséquent à tous les progrès compa-
tibles avec les inévitables lacunes ou infirmités qui seront toujours plus ou moins l'apa-
nage de l'humanité voyagère et demeureront

pour servir de perpétuel exercice à la vertu et être une préparation méritoire à nos destinées finales.

En plusieurs points, (je crois en avoir fait la preuve) ce vigoureux esprit, bien que toujours en contact par zèle apostolique avec ses contemporains, prenait parfois l'avance sur eux et, soit sur des matières de science pure et de philosophie, soit sur des questions de justice sociale, annonçait et préparait des conclusions auxquelles après sa mort devaient donner raison, tantôt les événements tantôt les hommes investis par Dieu lui-même de la mission de tracer sa voie à l'humanité dans sa marche vers l'avenir.

Philosophe, controversiste, apologiste, apôtre, précurseur, le P. Gratry aura encore été en ce siècle un des écrivains qui auront traité le plus dignement la langue française et lui auront fait le plus d'honneur.

I

Il me semble d'abord d'un grand intérêt de savoir de lui-même ce qu'il pensait de l'art et du mérite de bien écrire.

« Si vous voulez propager la vérité, dit-il
» dans son livre des *Sources*, il faut savoir
» écrire. Je dirais qu'il vous faut acquérir
» du style, si ce mot n'avait deux sens, dont
» l'un, le sens vulgaire, est pitoyable. Dans
» ce dernier sens, il serait bon de dire :
« pas de style » — comme on a dit « pas de
» zèle » — le meilleur style en ce sens est
» de n'en point avoir. Le style, on le voit
» assez, sert à déguiser la pensée en son ab-
» sence... Mais, si vous entendez le style
» dans le sens de ce très beau mot : le style,
» c'est l'homme, — le style alors, c'est aussi
» l'éloquence, quand toutefois on la définit
» avec un maître habile : l'éloquence n'est
» que l'âme mise en dehors. Le style, l'élo-

» quence, la parole, dans le sens le plus élevé
» du mot, c'est l'homme, c'est l'âme mise
» en lumière. C'est-à-dire que si vous voulez
» apprendre véritablement à écrire, il faut
» apprendre à éviter non seulement tout mot
» sans pensée, mais toute pensée sans âme. »

« Le style, disait Dussaulx, est une habi-
» tude de l'esprit. — Heureux ceux, disait
» Joubert, dans lesquels il est une habitude
» de l'âme ! Et Joubert ajoutait : l'habitude
» de l'esprit est artifice : l'habitude d'âme
» est excellence ou perfection. »

« Donc, pour écrire, il ne faut pas seule-
» ment sa présence d'esprit, il faut encore
» sa présence d'âme : il faut son cœur, il faut
» l'homme tout entier.

» Mais il faut plus. Non seulement il faut
» apprendre à éviter toute parole sans pen-
» sée, et toute pensée sans âme ; mais en-
» core, il faut éviter, (je dis pour bien écrire),
» tout état d'âme sans Dieu. Il vous faut
» donc, pour très bien écrire, la présence de
» votre âme et la présence de Dieu, c'est-à-
» dire, il faut que votre âme tout entière,

» s'il est possible, soit éveillée et que la
» splendeur de Dieu soit sur elle [1]. »

Un peu plus loin, il formulait ce conseil
où en deux lignes il résumait tout l'art de
bien écrire et de bien parler :

« N'écrivez que là où vous voyez, où vous
» sentez. Là où vous ne voyez pas, où vous
» ne sentez pas, n'écrivez pas, taisez-vous.
» Ce silence-là aura son prix et rendra le
» reste sonore [2]. »

La première et fondamentale règle du
style, c'est donc la plus scrupuleuse probité
d'une âme uniquement soucieuse de la vérité, ne cherchant à la traduire soit par la
parole, soit par la plume, que pour rendre
hommage à son intrinsèque beauté, la défendre contre ses ennemis, lui conquérir des
disciples et des défenseurs. Mais, comme la
vérité, si on sait la bien entendre, c'est Dieu,
on n'abordera la tâche de parler ou d'écrire
que comme un labeur sacré, dans lequel
avant toute chose, on mettra le meilleur de

1. *Les Sources.* (Ed. in-32), p. 15.
2. Ib., p. 26.

soi-même, par l'exclusion de tout mobile futile, frivole, égoïste, intéressé, et où l'on se tiendra constamment dans la plus étroite dépendance de celui que S. Paul appelle « le Père des esprits ».

Telle est bien la méthode à laquelle Alphonse Gratry s'est montré fidèle depuis le temps où, tout jeune prêtre, après quatre années d'un très laborieux et fatigant professorat ayant chaque jour un peu de loisir il se mit à écrire, non pour la publicité et en vue d'attirer sur lui l'attention des hommes, mais en présence de Dieu seul et afin de donner plus de profondeur et plus de précision aux idées sur lesquelles il méditait.

II

Comment cette scrupuleuse attention à se recueillir toujours dans les profondeurs de la vérité, avant d'exprimer extérieurement

sa pensée par la parole, avait préparé le P.
Gratry à être un des orateurs sacrés qui ont
le plus agi sur les âmes de ses auditeurs :
je l'ai dit plus haut. Du même coup, cette
méthode fit de lui un de nos meilleurs écrivains.

Voici de quelle façon un de ses anciens
élèves du collège Stanislas, devenu lui-même
un penseur et un écrivain de valeur, M. Caro,
appréciait le double mérite, philosophique
et littéraire de son ancien maître.

« La vie du P. Gratry est prise par le dou-
» ble apostolat de la parole et du livre — et,
» dans chacun de ses actes, il se met tout
» entier, imagination et science, pensée et
» cœur. Pour comprendre le prodigieux ef-
» fort de cette activité philosophique et re-
» ligieuse, vraiment inexplicable à qui n'en
» verrait que les résultats, il faut savoir ce
» que c'est qu'une existence invinciblement
» possédée par une idée et qui rapporte à
» cette idée, son centre et son foyer unique,
» toutes ses méditations et émotions, tous
» ses désirs et ses élans, l'incessante aspira-

» tion de sa sensibilité et la vigueur d'une
» volonté tendue sans relâche. Il n'est pas
» croyable combien une idée, par l'effet d'une
» pareille incubation, devient féconde.

» Il faut savoir en outre que le P. Gratry
» n'a commencé que très tard à écrire, à im-
» primer du moins. Il est arrivé à la publi-
» cité dans la plénitude de sa force et de sa
» pensée, avec un capital considérable de
» doctrine intérieure et de travail accumulé.
» Un des secrets de sa merveilleuse impro-
» visation, c'est sans contredit l'abondance
» de ce trésor intellectuel amassé pendant
» trente années de silence méditatif. Ne vous
» étonnez pas après cela, que la source s'é-
» panche d'un flot si libéral. Elle a grossi
» ses eaux lentement et dans l'ombre souter-
» raine. Quand une fois, elle a trouvé son
» issue vers le jour et sa pente dans un sol
» propice, elle se verse avec une sorte de
» joie prodigue et semble bondir vers la lu-
» mière.

. . . .

» Je ne crois étonner personne en disant

» que M. Gratry est un écrivain des plus
» distingués. Je laisse ici toute considération
» de système pour ne m'occuper que du tour
» particulier, de la forme littéraire de ses
» idées, et il n'est pas malaisé de voir que
» ce tour, cette forme portent l'empreinte
» de la plus vive et souvent de la plus heu-
» reuse originalité. *Ce style passionne et fas-*
» *cine* [1]. Il passionne par l'ardeur du senti-
» ment qui l'inspire et dont il communique
» au lecteur la flamme contagieuse. Il fas-
» cine par sa splendeur et sa hardiesse, par
» l'audace soutenue de son élan, et l'éclat
» inusité des images. Est ce un style théolo-
» gique? Non. Scientifique, philosophique?
» Non. Purement poétique? Pas davantage.
» Il n'est rien de cela exclusivement et il est
» tout cela à la fois.

» Au creuset de cette intelligence ardente,
» toutes les formes diverses de la pensée et
» de la science se sont fondues dans une
» forme unique, d'une trempe rare et singu-
» lière, dans un métal d'un indissoluble al-

1. C'est moi qui souligne cette phrase.

» liage, véritable airain de Corinthe, tout
» frémissant encore du feu divin de l'enthou-
» siasme et de la foi, c'est sans contredit ce
» mélange d'imagination, de piété et de
» science qui donne au style du P. Gratry son
» accent et son caractère. Jamais, avant lui,
» l'imagination n'avait connu à ce degré l'i-
» vresse sacrée de l'idée divine, jamais la
» science ne s'était portée d'un bond si brus-
» que dans les plus hautes régions de la pen-
» sée mystique, jamais la foi n'avait cherché
» les analogies de ces mystères si loin et si
» avant dans la physiologie et la géométrie. Par
» instants, une aride formule se transfigure
» en une grande loi religieuse ou morale ; le
» lyrisme envahit la théorie du syllogisme,
» la froide logique ressemble à une prière,
» les mathématiques éclatent en effusions ;
» et tout cela, qu'on le remarque, sans efforts,
» sans parti pris, par le pur effet d'une lon-
» gue habitude intellectuelle et du mouve-
» ment intérieur de l'âme. Il n'y a pas là de
» l'art ; ce mot s'appliquerait bien mal à la
» vive spontanéité de cette parole que porte,

» que soutient et qu'anime un souffle ardent.
» Non, il n'y a pas d'art, mais il y a là, à coup
» sûr, un des plus curieux tempéraments de
» style qui puisse s'offrir à la psychologie
» littéraire; à coup sûr aussi, l'effet est grand,
» parfois irrésistible et prodigieux. Le P. Gra-
» try a d'incroyables bonnes fortunes d'ex-
» pressions et d'idées. On voit abonder chez
» lui des métaphores d'un bonheur inouï, des
» images éblouissantes de vérité, des mots
» qui excitent en vous comme une sensation
» de lumière vive; il a par endroits le trait
» de feu qui ravit l'âme et illumine l'horizon.
» Je défie le sceptique le plus radical, pourvu
» qu'il soit encore sensible au beau, de lire
» telle page que je pourrais citer de la *Con-*
» *naissance de Dieu* sans qu'il sente briller
» et tressaillir en lui quelque chose d'inconnu
» qu'il appellera, s'il veut, son dernier rêve,
» mais qui du moins lui aura donné, pour un
» instant l'hallucination du divin [1]. »

Que pourrait-on ajouter à une appréciation
aussi compétente ? Il me paraît tout à fait

1. C. Caro, *Philosophie et Philosophes*, pp. 221, 232, 233.

inutile de la reprendre en détail pour la commenter.

III

Faut-il maintenant avoir l'air d'ignorer une objection que l'on a faite plus d'une fois au P. Gratry et par laquelle on avait l'intention évidente de diminuer en lui le penseur et l'écrivain ? Comme on l'avait appelé « mystique », afin de contester son autorité en philosophie, on l'a aussi traité de « poète. » — On voulait dire par là que, si le charme de sa prose musicale le rendait parfois l'émule de Bernardin de S. Pierre ou de Chateaubriand, il n'y avait rien dans son style qui pût commander l'attention de la part des esprits positifs et scientifiques de notre temps. Grâce à cet éloge perfide, on entendait bien ne pas le prendre au sérieux.

Poète, oui certes, le P. Gratry l'était, si l'on entend par là, comme il est très légitime de le faire, le don de voir et d'exprimer dans les idées et dans les choses ce qu'il y a de plus grand, ce qui confine de plus près au divin, ce qui représente le plus vivement les traits de beauté mis par le Créateur sur ses œuvres, afin de solliciter les intelligences et les cœurs à monter vers Lui par l'admiration et par l'adoration. En plus d'un passage de ses livres, le P. Gratry a très bien décrit lui-même ce qui caractérise cette poésie de l'idée et du sentiment, tout à fait indépendante du vêtement extérieur dont on la recouvre.

« Il y a deux sens des mots, l'un étroit,
» relatif, prosaïque, l'autre immense, absolu,
» poétique, et cela précisément parce que
» tous les êtres eux-mêmes ont deux sens,
» l'un par lequel ils se signifient eux-mêmes
» tels qu'ils sont aujourd'hui, passagers, re-
» latifs et bornés, et l'autre par lequel ils
» signifient l'idée immuable de Dieu, dont ils
» sont les images créées, les signes impar-
» faits...

» On appelle poésie l'élan de la pensée qui
» voit en beau, en grand toutes les cho-

» ses qu'elle regarde et qui prend la parole
» dans son grand sens et dans sa belle ac-
» ception ; or, Dieu seul est beau et le beau,
» c'est la ressemblance à Dieu. Il n'y a pas
» d'autre définition du beau. Rien n'est beau
» dans les mots, dans les choses, que le point
» par lequel, mots ou choses, ressemblent à
» Dieu, à sa force, à sa lumière, à sa bonté,
» à son bonheur et à nos désirs infinis de
» lumière, d'amour et de félicité. La poé-
» sie est l'élan de l'esprit vers cette beauté.
» C'est l'âme, prenant ses ailes pour monter
» de la terre au ciel et pour monter jus-
» qu'à Dieu même, à partir de toute créa-
» ture. L'éternelle poésie à laquelle l'homme
» est destiné consiste, dit S. Augustin, en
» ce que dans la vie éternelle, chaque
» habitant du ciel verra Dieu non seule-
» ment en lui-même, mais encore dans cha-
» cun de ses frères et dans tous les êtres
» créés, esprits ou corps, qui composeront
» le monde à venir. Ce sera là l'éternelle
» poésie et l'éternel amour [1] ».

1. *Connaissance de l'âme*, I, 165-167.

Pour être poète de cette façon, pas n'est besoin d'aligner des hexamètres ou des alexandrins, ni de s'enchaîner aux règles de la rime et de la prosodie. Que de vers, parfaitement conformes à ces règles, sont cependant le contre-pied de la vraie poésie, tandis que, maniée par d'autres écrivains, la simple prose produit sur le lecteur les effets si bien décrits par M. Caro quand il disait du P. Gratry. « Son style passionne et » fascine... on voit abonder chez lui des mé- » taphores d'un bonheur inouï, des images » éblouissantes de vérité, des traits de feu » qui ravissent l'âme [1]. »

Il me serait facile de justifier cette appréciation par de nombreux exemples [2].

1. Il y a une vingtaine d'années, une personne d'une haute intelligence et de l'esprit le plus cultivé venait de relire la « *Connaissance de Dieu* ». Elle m'écrivait à ce sujet « com- » ment appeler cette lecture ? un festin ? une harmonie ? » un repos ? une joie ? C'est tout cela...

2. Ce serait bien le lieu de parler ici des *Méditations iné- dites,* œuvre posthume que j'ai publiée en 1874. Elles sont au nombre de treize et furent écrites à Strasbourg de 1835 à 1840, c'est-à-dire quand l'abbé Gratry avait de trente à trente-cinq ans. Parmi elles, la quatrième, intitulée « le jour et

Je citerai seulement comme type achevé de cette poésie tout à la fois très philosophique et souverainement bienfaisante résultant de ce que les choses sont vues décrites, présentées dans leur sens le plus élevé, celui qui se rapproche davantage des concepts divins, l'étude sur la mort par laquelle se termine le livre de la *Connaissance de l'âme.*

Le *Phédon* dans lequel Platon a mis en scène les suprêmes adieux de Socrate à ses disciples et l'admirable démonstration qu'il y a faite de notre immortalité, passe à bon droit pour un des chefs-d'œuvre de la littérature classique. On peut dire la même chose du Songe de Scipion dans le traité de la République de Cicéron et du dialogue sur la vieillesse du même auteur. Belles entre toutes celles qui composent le trésor de nos deux antiquités, grecque et latine, ces pages

la nuit » et la dernière qui traite de la mort sont bien en effet deux poèmes en prose. Je n'en puis rien détacher; il faudrait les reproduire intégralement. Quand on pense que l'auteur de ces belles pages les tint cachées toute sa vie, on se sent profondément édifié de sa modestie, c'est-à-dire pour parler la langue chrétienne, de son humilité.

sont à la fois des traités de morale et des poèmes qui soulèvent l'âme au-dessus de la pesanteur de la vie présente et lui donnent des ailes pour la faire monter en haut. Après elles, qu'on relise dans le **P.** Gratry ce qu'il a écrit sur l'automne et sur l'hiver de l'existence humaine, préludes de la mort, laquelle, suivant le point de vue duquel on l'envisage est ou la fin ou le commencement de tout : on verra si une belle poésie n'est pas la très digne interprète des vérités qu'il importe le plus à l'homme de méditer sans cesse et de connaître à fond.

Quand la vie n'est pas brusquement interrompue aux jours de la jeunesse ou dans la plénitude de l'âge viril; quand elle suit son cours naturel, conformément aux lois moyennes de la longévité, c'est par la vieillesse qu'elle s'achemine vers la mort. Pour la plupart des hommes, la vieillesse, avec son cortège d'épreuves et de souffrances de toutes sortes, est bien le temps « déplaisant » dont parle le livre de l'Ecclésiaste [1]. Les infirmi-

---

1. *Anni de quibus dicas : non mihi placent* (Eccl. XII, **1).**

tés arrivent les unes après les autres ou simul-
tanément. Les fonctions essentielles deviennent plus difficiles. Les rouages de l'organisme se disloquent peu à peu et compli-
quent toujours davantage le labeur de vivre.
Et ce qui est plus pénible encore que les
douleurs physiologiques, ce qui constitue la
caractéristique douloureuse de la vieillesse,
c'est que très souvent l'âme elle-même subit
le contre-coup de ces infirmités. La mémoire s'affaiblit; l'intelligence devient plus
lente dans ses opérations : celles-ci lui coû-
tent davantage et produisent moins. Enfin,
la mort qui est au bout de tout ce travail de
désorganisation apparaît de plus en plus à
l'âme fatiguée et troublée comme l'inévitable
et désespérante victoire du néant sur l'être,
et alors l'épreuve physique et morale se com-
plique d'une tentation redoutable et cruelle.
A quelques exceptions près, voilà bien
le sort qui attend la plupart d'entre nous.
Ils sont rares ceux qui peuvent dire comme
le Caleb de nos livres Saints : « J'avais qua-
» rante ans lorsque Moïse me désigna pour

» aller avec les autres explorer la terre de
» promission. Maintenant, j'en ai quatre-
» vingt-cinq : et je jouis de la même santé
» que j'avais lorsque je fus envoyé par
» Moïse. Qu'il s'agisse de marcher ou de
» combattre, je suis aussi fort que je l'étais
» en ce temps-là [1]. »

Comment s'y prendre, d'abord pour porter avec courage et dignité le lourd fardeau
de la vieillesse, et surtout, pour ne pas se
laisser entamer par le sophisme qu'elle
traîne à sa suite et à qui les pénibles et hu-
miliantes réalités dont elle est presque toujours accompagnée semblent donner raison ?

« Y a-t-il quelque psychologie qui sache
» voir dans l'âme, non plus le masque an-
» cien, mais la vraie figure de la mort et qui
» la montre comme l'élan suprême et le pro-
» cédé principal de la vie ?

» Oui, il y a une connaissance de l'âme
» qui en voit et en sent quelque chose expé-
» rimentalement, scientifiquement. C'est la
» science des chrétiens.

1. Josue, xiv, 10-11.

» Je suppose que je sois à l'âge où la ré-
» ponse de mort se fait surtout entendre, et
» j'écoute. Vous qui lisez ces pages, écoutez
» avec moi.

» O mon âme, si tu es triste, si tu te plains,
» et si te révoltes, tu portes donc en toi un
» but et un espoir qu'un invincible obstacle
» contrarie.

» Tu veux vivre et tu te sens mourir...
» mais d'abord, regardons de près cette
» demi-mort qui me menace ou plutôt m'at-
» teint au milieu de ma vie quand j'ai dé-
» passé le sommet.

» Je montais, maintenant, je descends..
» mon âme pénétrait mon corps d'une vie
» surabondante, et mon corps empruntait à
» la terre plus qu'il ne lui rendait. C'est l'in-
» verse aujourd'hui : mon corps sous l'in-
» fluence d'une vie plus recueillie, restitue
» chaque jour plus qu'il n'emprunte.

» Mon esprit va de même. Ma mémoire
» s'attachait à tout et perdait peu. Maintenant
» elle acquiert chaque jour un peu moins
» qu'elle n'oublie... J'écoute bien plus pé-

» niblement. Je ne puis suivre qu'avec ennui
» la multitude des mots, à moins qu'ils ne
» soient le vêtement simple de la pensée des
» grands esprits.

» Aujourd'hui, je ne saurais apprendre
» une langue. Je ne sais plus me faire aux
» mots nouveaux. Mais les vieux mots, dont
» j'ai l'usage me deviennent de plus en plus
» clairs, de plus en plus chargés de sens. Je
» les vois transparents ; transparents jus-
» qu'aux choses et parfois jusqu'à Dieu. Le
» nombre de ceux que j'emploie décroît peut-
» être, mais le nombre de ceux que je garde
» gagne en étendue et en poids.

» Mon esprit a sans comparaison moins
» d'adhérence à ce qu'il tient ; ce qui est faux,
» faible, factice, se détache et tombe facile-
» ment. Ce qui est curieux, inutile et ne sert
» pas à l'homme et ne va pas à Dieu, se
» dessèche et se fane comme l'herbe. Les
» sciences abstraites, curieuses et isolées, qui
» ne vont pas à la morale et à la religion et
» au bonheur du genre humain, sont relé-
» guées dans quelque place inoccupée de ma

» mémoire et pliées sous le moindre volume
» possible.

» ... J'ai de plus en plus horreur des
» extrémités et diversités contentieuses, parce
» que mon esprit, en vieillissant, marche
» naturellement vers l'unité, la simplicité et
» la paix...

» Pour ce qui est de la poésie et des arts,
» je n'en puis plus supporter, je l'avoue, les
» efforts, les effets, les inutilités et les témé-
» rités. Je hais l'audace des formes et des
» couleurs, l'intensité, la volubilité ou l'ex-
» centricité des sons, et la multiplication des
» images et la perpétuité des descriptions.
» Je ne veux aujourd'hui qu'une austère
» poésie d'automne, sobre, châtiée de toute
» surabondance de sève, de toute luxuriance
» de rameaux et présentant à l'œil, au lieu
» de campagne fleurie, et de feuillages touf-
» fus, des sillons nus, mais chargés çà et là
» de gerbes empilées, des ceps informes et
» brûlés, tout prêts à ruisseler le vin ».

» ... Si je cherche la vérité, c'est avant
» tout celle qui est applicable à la vertu et

16.

» au bonheur. Oui, ma science se tourne à
» aimer. Ma tête, moins fière, se penche un
» peu, se replie un peu vers mon cœur en
» même temps qu'elle s'incline davantage
» par bienveillance vers mon prochain.

» Je le comprends : les forces de mon âme
» sont aujourd'hui moins séparées, mes fa-
» cultés sont moins isolées, chacune d'elles,
» prise à part, a moins d'éclat, moins de
» chaleur sensible, moins de mouvement
» apparent ; mais mon âme est plus une et
» je m'approche de ce que S. Thomas appelle
» la pénétration mutuelle des forces (*convo-
lutis virtutibus*).

» ... Mais je ne puis plus ne pas m'aperce-
» voir que, plus je veux décrire mon com-
» mencement de décadence, plus il se trouve
» qu'au fond, c'est un progrès que je constate.
» Ce n'est pas même encore une chute de
» feuilles — ce n'est qu'une chute de fleurs, —
» chute nécessaire pour la venue des fruits.
» Les fruits sont le cœur et le centre des
» fleurs qui ne sont que parures et envelop-
» pes. Il faut qu'elles disparaissent quand le

» fruit vient. Ne serait-ce pas là peut-être le
» commencement de l'intelligence de la
» mort ? [1] ».

Voilà pour l'âge mûr ou l'automne de
la vie. Mais cette saison passe plus rapidement encore que l'été et que le printemps.
A grands pas arrive l'hiver, c'est-à-dire la
vieillesse qui elle-même se précipite et nous
emporte avec elle vers le dénouement final.

(La vieillesse) « tend au silence à l'inaction,
» à l'anéantissement de la pensée, à l'indif-
» férence, au chagrin... Ce n'est plus ni l'au-
» tomne et sa moisson, et la sérénité de ses
» jours calmes, et la riche teinte des bois ;
» c'est l'anéantissement de toute sève, la
» nudité de toute la terre, la glace, la neige,
» les troncs noirs et les branches cassées :
» voilà bien l'hiver de la vie [2]. »

Or, à ce moment, et dans cette inévitable
crise, la grande ressource, le secret pour ne
pas s'affaisser vaincu sous les coups multi-
pliés qui s'abattent sur le corps et sur l'âme,

1. *Connaissance de l'âme.* T. II, pages 419 et suivantes.
2. Ib. p. 443-444.

c'est « de regarder la mort en face, de la re-
» garder comme une amie puissante et bonne
» de lui tendre la main et de faire alliance
» avec elle pour toujours. O mort, tous mes
» chagrins, tous mes malheurs viennent de
» ne t'avoir pas connue, de ne t'avoir pas
» pratiquée... Mais que veut-elle en m'em-
» portant?... Nous avons entendu sa réponse.
» En nous enveloppant de silence, la mort
» s'efforce de nous transférer dans la parole
» qui vient de Dieu. En faisant taire notre
» pensée même, elle ôte à notre esprit le
» goût, l'estime, la possibilité de tout ce qui
» n'est pas contemplation de Dieu. En nous
» plongeant dans l'inaction et dans l'indif-
» férence, elle veut nous transférer à un
» plus haut principe d'action, à un plus
» haut motif d'amour.

» Quel est le fruit de la vie qu'opère en
» nous l'approche de la mort? Ce fruit, c'est
» la sainteté. Etre un sage, devenir un saint...
» Ne plus ramper, ne plus marcher dans la
» poussière ou dans la boue, être enlevé de
» terre par le sacrifice consommé, et monter
» dans le char de feu !

» Contempler le monde de très haut pour
» le connaître, le bénir, et peut-être le diri-
» ger, être réduit à la simple connaissance
» du vrai, sans discours, presque intuitive !
» Arriver à la volonté simple continue et
» ardente de la justice; entrer dans l'entière
» liberté d'indifférence pour tout ce qui n'est
» pas justice de Dieu et vérité de Dieu...

» Allons donc, et disposons-nous à la
» mort... comprenons la parole prophétique.

« J'ai tremblé à la voix de la mort et mes
» entrailles se sont émues, mais j'y consens
» maintenant. Oui je désire ma dissolution,
» oui, je veux que la destruction possède
» mes os et ruisselle dans ma chair. Je le
» veux, puisqu'il le faut pour sortir du tu-
» multe et de la fatigue et pour aller au but
» et au repos ; je le veux, puisqu'il le faut
» pour cesser d'être seul et pour m'unir au
» glorieux peuple d'âmes qui est en haut [1] ».

A ce bref commentaire d'un cantique du
vieil Israël, le P. Gratry ajoutait la para-

___

1. Prière du prophète Habacuc. *Connaissance de l'âme.*
T. II, pages 447 et suivantes

phrase d'une page de S. François de Sales et il mêlait si bien sa pensée à celle du saint évêque de Genève qu'il serait difficile de faire l'attribution exacte de ce qui revient à chacun des deux auteurs dans cette exhortation à la mort qui est tout à la fois un ravissant poème, le couronnement de la vraie philosophie, le dernier mot de la sagesse chrétienne :

« Où êtes-vous, mes chères âmes ? Voulez-
» vous mourir avec moi et nous soutenir les
» uns les autres en ce passage ? Préparons-
» nous, car voici l'effet de la vie. Voici l'au-
» tomne où mûrissent les fruits de l'éternité :
» cette plante qui est votre âme, qui a reçu
» sa croissance du ciel, sera cueillie bientôt
» et les mortels n'en verront plus en terre
» que les dépouilles.

» Considérez que la vie fuit comme l'om-
» bre, passe comme un songe, s'évapore
» comme une fumée, et que l'homme ici-bas
» ne peut rien embrasser de solide. Tout
» passe ; le soleil qui se lève sur notre hori-
» zon précipite sa course et talonne la nuit ;

» et la nuit sollicite la lumière de venir pour
» faire rouler les plus belles parties de cet
» univers au néant. Les rivières coulent à
» grosses ondes, comme si la mer qui est
» leur centre, leur devait donner le repos. —
» L'hiver dépouille les arbres de leur hon-
» neur pour nous faire leçon de la mort.

» Sortons donc de ce monde et montons
» au ciel par le secours de Dieu. Chères
» âmes, n'êtes-vous pas contentes de me
» suivre ? Appréhendez-vous le passage ?
» Que craignez-vous ? Craignez-vous le mal
» qui arrive à la dissolution ? Eh bien ! ne
» faut-il pas une fois souffrir avec Jésus, qui
» a si cruellement souffert pour nous ? Crai-
» gnez-vous de quitter le fatras de ce monde
» où la vanité règne, où l'avarice ternit tou-
» tes les vertus, où l'incrédulité tient l'em-
» pire, où le vice a dompté la vertu, où l'on
» boit les péchés comme l'eau, où l'on voit
» des échantillons de l'enfer ? Retirez-vous
» de ces filets pour aller en un lieu où ne
» sont plus ces tristes et horribles fantômes.

» Et d'ailleurs, n'êtes-vous pas fatiguées

» de voir couler les rivières dans l'océan, les
» saisons de l'année s'entre-suivre dans un
» ordre infaillible? Ne suffit-il pas d'avoir vu
» tant de soleils, tant de jours et tant de
» nuits? Pensez-vous que les arbres de la
» forêt produisent d'autre feuillage, que la
» nature donne d'autres fruits? Pensez-vous
» que les feux qui étincellent au ciel donne-
» ront une lumière meilleure?

» Quittons donc ce monde, chères âmes;
» allons au lieu où règne l'autre lumière.

» Combien de fois j'ai voulu vous parler!
» Mais je ne le pouvais. Nous vivions dis-
» persés et je ne vous connaissais pas. C'est
» pourquoi je vous écrivais, essayant de vous
» exhorter et de vous attirer et maintenant,
» je voudrais être riche pour vous léguer
» les trésors de la vie.

» Les trésors de la vie sont l'amour, l'hu-
» milité, l'habitude de la mort.

» Il me semble, et ne vous semble-t-il pas
» aussi, qu'il est facile d'aimer! Aimer, c'est
» le bonheur, la vie, la récompense. Mais
» pour aimer, de l'amour qui s'élève, qui

» grandit et se renouvelle au plus haut des
» cieux dans sa source, il faut les deux ailes
» de l'amour, l'humilité, l'habitude de la
» mort.

» Oh! si nous pouvions, vous et moi, sui-
» vre Jésus en portant notre croix chaque
» jour, en mourant tous les jours avec lui,
» comme S. Paul!

» Oh! si nous dégageant ainsi de la cor-
» ruption des sens, nous nous approchions
» chaque jour de la vie éternelle! Le fruit
» de la vie, la substance d'immortalité peu
» à peu se formerait en nous, comme la perle
» ou le diamant dans les rochers, et recueil-
» lis au centre, sous l'enveloppe mortelle de
» cette vie, nous commencerions à voir, à
» posséder.

» Alors nous saurions dire aussi : et main-
» tenant, allons à la dissolution! avançons,
» traversons cet instant. Déjà, je n'ai plus
» foi dans mes extases, car je vois ; je n'ai
» plus d'espérance, car je commence à pos-
» séder ; et la charité seule me reste pour
» me joindre à vous, ô mon Dieu! à vous,

» qui êtes la charité d'où sort le feu d'amour
» qui nous embrase : et, comme le feu, de sa
» nature, monte toujours, mon cœur qui en
» tient, s'envole à vous. [1] »

IV

En 1853, l'Académ française avait couronné l'auteur de la *Connaissance de Dieu.*

Elle lui ouvrit ses portes, le 2 mai 1867, après la mort de M. de Barante, sanctionnant ainsi le jugement que la France intelligente

---

1. *Connaissance de Dieu*, t. II, pages 454, et suivantes. Le *Testament spirituel* de S. François de Sales dont le P. Gratry s'est inspiré en le paraphrasant se trouve à la fin d'une édition d'une œuvre du saint évêque de Genève publiée à Toulouse en 1637 (chez Pierre Bosc et A Colomiez). D'autres éditeurs ne l'ont pas reproduit. On s'est demandé s'il avait été vraiment écrit par le saint ou s'il était une reproduction libre des pensées qui lui étaient familières. Cette question d'authenticité sera probablement examinée et résolue par le savant bénédictin, D. Mackey, qui préside à la nouvelle édition des œuvres complètes de S. François de Sales que publie la Visitation d'Annecy.

avait déjà porté sur le mérite littéraire du P. Gratry [1].

Il vint prendre séance le 26 mars 1868, et fut reçu par M. Vitet, directeur en exercice. Le fauteuil auquel il était appelé avait été au XVIIIe siècle occupé par Massillon et par Voltaire, ce qui faisait dire au P. Gratry, dès le début de son discours :

« Voltaire, messieurs, se trouve ainsi dans
» vos Annales entre deux prêtres de l'Ora-
» toire et son rire sur le genre humain est
» enfermé entre deux prières pour le monde,
» comme son siècle lui-même, un jour, sera
» dans notre histoire enfermé entre le grand
» XVIIe siècle et le siècle de foi lumineuse
» qui aimera Dieu et les hommes en esprit
» et en vérité [2]. »

L'éloge de M. de Barante donnait au P. Gratry une excellente occasion de présenter à un auditoire d'élite, sous une forme raccour-

1. Il y eut deux tours de scrutin. Au second tour, le P. Gratry fut élu par 18 voix contre 12 données à M. Théophile Gautier.

2. Le P. Gratry. *Discours de Réception* à l'Académie Française.

cie, l'ensemble des idées qu'il avait exposées et développées dans la Morale et la Loi de l'Histoire. Appuyé sur l'autorité de son prédécesseur, il faisait dans la Révolution française le départ de ce qui s'y trouvait de bon, de légitime, de nécessaire, d'avec l'impur alliage qu'y avaient sitôt mêlé les passions sectaires, les haines sociales, l'esprit antichrétien. Il réfutait ainsi par avance la fameuse théorie du *bloc*. Après avoir applaudi à la disparition des abus qui, dans l'ancien régime, avaient altéré la saine constitution de la nation française, il saluait l'avénement des principes de justice et d'égalité pour tous dont les cahiers des Etats-Généraux de 1789, avaient presque unanimement réclamé l'application à notre mécanisme social.

« C'est là, disait-il, notre droit public pour
» toujours, droit conforme à la loi morale
» éternelle et à l'Evangile, justifié par la
» science, écrit par la main de la France en-
» tière. »

Mais, ainsi que M. de Barante et avec non moins de force et d'indignation patriotique, le P. Gratry dénonçait comme les pires ennemis de la liberté ces farouches sectaires de 93 qui, pour faire triompher leurs utopies sauvages, n'avaient guère connu et employé d'autre procédé que d'arroser leurs sillons « d'un sang impur » et de partager une nation de frères en bourreaux et en victimes. Cette race néfaste et incorrigible s'est perpétuée jusqu'à nos jours. Séïdes de la Commune de 1871, ou organisateurs des grèves ouvrières en 1899 et anarchistes : c'est toujours le même esprit qui les anime. Avant tout, proscrire le sentiment religieux et ses plus légitimes manifestations ; traiter en ennemi quiconque ne subit pas servilement leurs consignes tyranniques ; ne concéder l'usage de la liberté qu'à ceux qui partagent leurs passions, et n'employer d'autre argument contre leurs adversaires que de les opprimer ou de les supprimer : voilà bien les hommes par lesquels, aujourd'hui, comme il y a un siècle, est pervertie l'inspiration initiale de justice qui avait rempli d'enthousiasme tant de nobles cœurs à l'aurore de la Révolution.

Qui débarrassera la France du virus morbide d'où proviennent toutes les maladies sociales dont elle souffre? Qui lui rendra l'unité et l'intégrité de ses forces? qui la mettra en état de marcher de nouveau à la tête des nations et de les guider dans la voie du véritable progrès?

« La justice, avait dit M. de Barante d'a-
» près S. Augustin, ne se trouve que dans
» la République dont le Christ est le fonde-
» ment. »

Le P. Gratry n'avait pas manqué de relever et d'accentuer cette parole. « Voilà le
» fond des choses. Et parce que M. de Ba-
» rante a su fermement déclarer qu'aucun
» progrès politique ou social n'est possible
» sans un progrès moral et religieux fondé
» sur l'Evangile et sa force régénératrice,
» je dis qu'il a été dans la science de la li-
» berté [1]. »

J'ai la bonne fortune de trouver dans la réponse de M. Vitet au discours du P. Gratry un résumé substantiel et exquis de tout ce

1. Id. Ib.

que j'ai essayé de dire de lui comme écrivain, comme philosophe, comme polémiste, comme apologiste et comme apôtre. Après trente-deux ans, on me saura gré de faire revivre cet éloge si délicat et si complet dans sa con-cision.

M. Vitet révélait d'abord au récipiendaire le pourquoi de son élection à l'Académie. Il le « rangeait parmi les rares esprits qui respec-
» tent la langue, moins par obéissance à des
» règles apprises, à des préceptes convenus,
» que par instinct, par vocation, par naturelle
» déférence ; qui se servent des mots sans se
» laisser mener par eux ; qui les domptent
» au besoin, les plient à leur usage sans
» cependant leur imposer de trop violentes
» fantaisies, trouvant dans les données tra-
» ditionnelles du langage une sorte de force
» acquise pour exprimer avec plus d'énergie
» et plus de transparence les moindres mou-
» vements de l'âme et de la pensée.

Il le complimentait encore d'avoir manié
» avec chaleur et souplesse la langue de la
» philosophie rendue ainsi intelligible à tout
» le monde ».

Après avoir décerné à l'écrivain ces éloges mérités, le directeur de l'Académie rappe- lait de quelle façon l'abbé Gratry, « pour » faire aux sophistes une guerre profitable, » avait su les suivre sur leur terrain, possé- » der leurs secrets, connaître leur escrime ; » avec quelle vigueur et quelle sûreté il » avait pris corps à corps ceux qui égarent et » corrompent la raison, et la conduisent fata- » lement à l'athéisme, non pas à cet athéisme » sans masque, sans réticence, se donnant » pour ce qu'il est, d'autant moins dangereux » qu'il est plus explicite ; mais à cet autre » athéisme, équivoque et subtil, qui s'ignore » lui-même et, parce qu'il professe une logi- » que à lui et donne aux mots un autre sens » que le commun des hommes, ose dire qu'il » croit en Dieu ».

Il louait encore le nouvel élu d'avoir res- tauré la philosophie traditionnelle professée de siècle en siècle par tous les grands esprits, cette philosophie « qui est la préface hu- » maine de l'Evangile dont S. Thomas d'A- » quin est l'Aristote et S. Augustin le Platon »

Enfin, il le félicitait d'avoir par dessus tout été guidé dans ses derniers travaux « par la » plus chrétienne des passions, toujours jeune » et ardente chez lui : l'amour des hommes : » le désir de contribuer à les rendre moins » aveugles et moins malheureux [1]. »

Quelques années plus tard, dans la même enceinte, à la place laissée vide par le P. Gratry, M. Saint René Taillandier, son successeur à l'Académie, saluait en lui « le poète, » le savant, le philosophe, le prêtre catholi- » que, le vrai ministre de l'Evangile au » xix° siècle, le père qui avait enfanté tant » d'âmes à la vie supérieure, le maître qui » avait préparé tant d'ouvriers et armé tant » de bras pour la moisson [2]. »

Dans la même séance, M. Désiré Nisard, l'auteur d'une très belle histoire de la littérature française, rendait à son tour au P. Gratry, envisagé comme écrivain, cet hommage si autorisé :

1. Réponse de M. Vitet, Directeur de l'Académie, au discours du P. Gratry.

2. Discours de réception de M. Saint René Taillandier, 22 janvier 1874.

« Le style, dans ses livres, comme un vin
» toujours en fermentation, est tout action
» et tout mouvement. C'est le style d'un au-
» teur qui écrit pour agir ; trop ému des
» choses pour s'apercevoir de ce qui manque
» ou surabonde dans les paroles et qui né-
» glige, parmi ses qualités, celles qui ne ser-
» viraient qu'à montrer l'artiste. Il est artiste
» pourtant, et il l'est d'autant plus qu'il s'ou-
» blie pour ses lecteurs, en cela disciple
» fidèle du XVIIe siècle qu'il a qualifié quel-
» que part avec la compétence d'un juge
» excellent et l'accent d'un admirateur pas-
» sionné, le plus grand des siècles théolo-
» giques, le plus grand des siècles philoso-
» phiques et le plus grand des siècles litté-
» raires [1]. »

A ce concert d'éloges, j'ajoute encore une
note et je l'emprunte au philosophe chrétien que j'ai déjà cité [2] et qui était si digne
de comprendre et de faire comprendre le
P. Gratry.

1. Réponse de M. Désiré Nisard, directeur de l'Académie
au discours de M. Saint René Taillandier, 22 janvier 1874.
2. Voir page 133.

Le 8 février 1896, le vieux collège de Juilly était en fête. La famille oratorienne acclamait le cardinal que le pape Léon XIII avait pris dans son sein et par une touchante coïncidence, on allait inaugurer le buste [1] du P. Gratry juste vingt-quatre ans et un jour après sa mort. M. Ollé-Laprune avait accepté de commenter par sa parole le travail de l'artiste qui avait fait revivre par le marbre la physionomie expressive du successeur et de l'émule de Malebranche dans la tradition de la philosophie française. Voici la péroraison de son discours :

« Otez le P. Gratry de ce siècle, quelque
» chose manque à ce siècle. Mais quoi? l'es-
» prit qu'il y a soufflé au début de la seconde
» moitié. Et quel esprit? un esprit généreux.

» Rien de petit, de mesquin, d'étroit; rien
» où l'on soit pour soi-même le but, le terme
» ou encore le centre; être de bonne race,
» et le sentir et le savoir, et alors répugner
» à tout ce qui avilit et déprime, et aller
» vers ce qui est à terre pour le relever vers

1. Dû au ciseau de M. Sobre.

» ce qui n'est pas, s'il se peut pour le faire
» être; faire largesse et de ses trésors et de
» soi-même; se dépenser, se dévouer; être
» d'autant plus disposé à préférer à soi autre
» chose que soi qu'on a l'âme plus haute;
» voilà n'est-ce pas la générosité. »

» Généreuse est la doctrine du P. Gratry
» qui ne consent jamais à rapetisser ni Dieu,
» ni l'homme, ni le monde, ni l'histoire, ni
» la vérité, ni la miséricorde. Généreuse est
» sa pratique où tout est tourné à l'accom-
» plissement du devoir principal : coopérer
» coûte que coûte à l'œuvre même de Dieu.
» Généreux son courage et généreuse son
» espérance.

» Entendez-le dire à chacun de nous ce
» qu'il s'est toujours dit à lui-même :
» « Prends de la force et sois homme. Pour-
» quoi? pour faire triompher les évidences
» morales qui maintenant nous pressent. —
» Et encore : Deviens homme pour imposer
» au monde la raison et la loi de Dieu. (*Les*
» *Sources*, ch. I, la préparation). Généreux
» donc est l'esprit qu'il souffle à tous ceux
» qui se font ses disciples. »

J'aurais voulu pouvoir clore ce travail sur ces paroles, émanées elles-mêmes d'une âme si généreuse. Il faut cependant que je revienne un peu en arrière pour résumer rapidement les dernières années du P. Gratry et me recueillir de nouveau devant le spectacle de sa mort.

ÉPILOGUE

Je l'ai dit au commencement de ce travail, et je le répète : la vie du P. Gratry, presque exclusivement concentrée dans sa mission de penseur et d'écrivain, n'offre presque à aucun degré la variété d'événements extérieurs dont se compose ordinairement la biographie des hommes célèbres. J'ai fait connaître les plus marquants : il me reste à en mentionner quelques autres qui nous conduiront rapidement au terme de son existence [1].

1. On trouvera d'ailleurs à l'appendice n° 1 le *Curriculum vitæ* du P. Gratry, contenant avec les dates, l'indication des faits les plus saillants de sa vie.

I

Après son élection à l'Académie française, il eut encore quelques années de labeur paisible et fécond, principalement remplies par son cours public à la Sorbonne où il occupait la chaire de morale [1]. Puis, vinrent les commotions religieuses et politiques de 1870 et de 1871 ; et d'abord le concile du Vatican qui troubla profondément la sérénité habituelle de ses méditations et de son apostolat.

Hélas ! Pourquoi des polémiques, auxquelles ses études antérieures l'avaient mal préparé, vinrent-elles pendant les deux dernières années de sa vie, détourner le P. Gratry de ses travaux d'apologétique générale et de philosophie, l'engager dans des luttes où il devait recevoir de cruelles blessures et, je n'en fais pas doute, abréger une existence qui pouvait encore rendre à la religion, à

1. Il y avait été nommé en 1863.

l'Eglise, à la science de longs et précieux services ?

Passer sous silence la part prise par le P. Gratry aux discussions qui précédèrent et accompagnèrent le concile général de 1870 serait mutiler la vérité historique sans profit pour la charité tandis qu'il m'est facile, en les respectant toutes les deux, de rappeler, et même de juger en toute liberté ces douloureux incidents.

Je suis de ceux qui, dès le mois de décembre 1869 [1], avaient supplié le P. Gratry de ne pas engager de discussion publique contre les thèses soutenues par Mgr Dechamps, avec lequel, depuis longtemps, et quand l'archevêque de Malines n'était encore qu'un simple religieux rédemptoriste, il avait eu les plus cordiales relations. Les problèmes historiques soulevés à cette époque, soit pour justifier l'infaillibilité doctrinale du Pape, soit pour la combattre, avaient été jusqu'alors peu familiers au P. Gratry.

---

1. Je tiens à nommer ici les Pères Lescœur et Mariote, qui s'étaient efforcés avec moi de dissuader le P. Gratry de se jeter dans cette polémique.

D'autre part, il regardait comme un devoir de conscience de ne pas refuser le concours que quelques évêques avaient sollicité de lui pour empêcher une définition qu'ils estimaient devoir augmenter les difficultés suscitées à l'Eglise par la société contemporaine. Il y avait d'autant plus de motifs pour le P. Gratry de se récuser en ces circonstances et de ne pas se jeter dans l'arène que sous ses yeux, dans nos cours de théologie, et bien antérieurement au concile, la thèse de l'infaillibilité du Pape, prononçant *ex cathedra* avait été constamment enseignée à l'Oratoire et que, plus d'une fois, en nous expliquant lui-même les manuels dogmatiques du P. Perrone, professeur au collège romain, le P. Gratry avait très explicitement répudié en notre nom à tous, les tendances de ce qu'on appelait encore à cette époque, « l'école gallicane ».

Il fut entraîné, je puis le dire, par une sorte de générosité chevaleresque à ne pas reculer devant les inconvénients possibles, probables, prévus, de sa participation à la lutte engagée. Avec une absolue bonne foi, il crut se trouver en présence d'une de ces circonstances dans lesquelles un prêtre doit être disposé à souffrir de la part des hommes, afin de remplir tous ses devoirs envers sa conscience et envers Dieu.

Sans hésiter donc, — et à notre très grand regret, — il interrompit un commentaire de l'Evangile de S. Marc qui devait faire suite à son travail sur l'Evangile de S. Mathieu et, dans les premiers mois de l'année 1870, il publia les unes après les autres quatre lettres qui eurent, on le sait, un retentissement considérable [1]. Elles n'empêchèrent pas la majorité des membres du Concile de penser que l'heure était venue de prononcer une décision souveraine et définitive sur la question de l'infaillibilité. Celle-ci fut solennellement tranchée par le suffrage presque unanime des évêques émis dans la session du 18 juillet 1870 [2].

1. Elles étaient adressées à Mgr Dechamps.
2. Deux Evêques seulement ne s'associèrent pas au vote de leurs collègues. Le dogme de l'infaillibilité fut présenté

Après que la définition eut été revêtue de la sanction du Souverain Pontife et canoniquement promulguée, le P. Gratry traversa une crise de trouble et d'accablement moral qui eut un contre-coup immédiat sur sa santé. Mais, Dieu soit béni, il n'attendit pas la dernière heure pour se ranger au devoir de l'obéissance sacerdotale et filiale envers le chef suprême de l'Eglise.

Aussitôt que Mgr Guibert, transféré de l'archevêché de Tours à celui de Paris, eut pris possession de son siège, le P. Gratry lui écrivit la lettre suivante [1].

Montreux, canton de Vaud (Suisse),
ce 25 novembre 1871.

« Monseigneur,

» Si je n'étais fort malade et incapable
» d'écrire une lettre, je vous aurais déjà,
» depuis bien des jours, adressé mon hom-
» mage de bienvenue.

à la créance de l'Eglise dans la constitution *Pastor æternus.* (Actes du Concile du Vatican.)

1. J'en possède la minute, écrite de la main même du Père Gratry.

» Je veux du moins aujourd'hui, Monsei-
» gneur, vous dire simplement ce qui, ce
» me semble, n'avait même pas besoin d'être
» dit, savoir que j'accepte, comme tous mes
» frères dans le sacerdoce, les décrets du
» concile du Vatican.

» Tout ce que, sur ce sujet, avant la dé-
» cision, j'ai pu écrire de contraire aux dé-
» crets, je l'efface.

» Veuillez, Monseigneur, m'envoyer votre
» bénédiction et prier pour moi. »

A. GRATRY.

Cette lettre ayant été rendue publique, un
de ses confrères de l'Académie, lui exprima
sa surprise de ce qu'il adhérait à une décision qu'il avait combattue et essayé d'empêcher.

Le P. Gratry lui répondit en ces termes :

« Lorsque l'ère de la polémique était ou-
» verte dans l'Eglise, j'ai combattu selon ma
» conscience et mon droit. Maintenant que
» la décision est intervenue, vous m'ap-
» prouvez de m'y soumettre, j'en suis cer-
» tain.

» Que feraient aujourd'hui S. François de
» Sales, S. Vincent de Paul, Fénelon et Bos-
» suet? Vous le savez, nous le savons tous;
» aucun d'eux n'aurait un instant la pensée
» de se séparer de l'Eglise. . . . Dès
» que je connais une erreur, je l'efface, et je
» ne m'en sens pas humilié [1]. »

Voilà bien l'homme, tel que nous l'avons
connu, d'une loyauté absolue dans ses convictions, ardent à les exprimer tant qu'il y
voyait une obligation de conscience, et en
même temps d'une docilité d'enfant vis-à-vis
de l'autorité dans laquelle sa foi très vive
lui montrait l'équivalence même du Pouvoir
souverain de doctrine et de gouvernement
dont Jésus-Christ a investi son Eglise. Le
P. Gratry aura été en ce siècle un des hommes qui auront mis en pratique, avec le plus
d'abnégation de ses idées personnelles et
d'édifiante soumission de l'esprit et de la
volonté la parole du Sauveur à ses apôtres :
« Qui vous écoute, m'écoute. »

C'est par cet acte de soumission que son

1. Lettre à M. Ernest Legouvé.

auteur qualifiait lui-même « d'acte d'hon-
» neur intellectuel ; d'acte scientifique le
» plus haut » et qui se trouvait être en même
temps un grand exemple moral, dans un
temps où l'orgueil et l'obstination multiplient
les scandales, que se termina la carrière publique du P. Gratry.

Entre autres félicitations que lui valut cette
courageuse et édifiante démarche, j'aime à
relever celles d'Augustin Cochin, cet homme
de foi, de talent, de cœur, que nous trou-
vions toujours au premier rang lorsqu'il
s'agissait de défendre par la plume ou par la
parole toutes les nobles causes [1].

Il lui écrivait de Versailles le 25 décembre 1871 l'admirable lettre d'où j'extrais les
lignes suivantes :

« Mon bien cher père,

» Je vous envoie mes tendres respects et
» ceux de toute la famille. Nous voudrions
» savoir que vous êtes mieux portant. Que

---

1. La dernière fois que je rencontrai M. Augustin Cochin,
ce fut aux funérailles du P. Gratry, auquel il ne survécut
que cinq semaines, étant mort le 15 mars 1872.

» Dieu nous l'accorde, car vous avez encore
» à parler.

» Vous venez de le faire en quelques lignes
» au sujet du Concile, et vous avez bien fait.
» C'est le cas de redire : *Pater meus major
» me est...*

» L'Eglise a sa loi qui ne peut tromper.
» Nous ne devons pas supposer que tous les
» évêques réunis auront été dénués de l'as-
» sistance divine; et déjà, nous pouvons
» comprendre qu'il ait plu à Dieu de con-
» centrer l'autorité doctrinale un peu plus,
» dans la forme du moins, à la veille de dé-
» chirements, de dispersions et de transfor-
» mations que je crois imminents. Puis, ne
» cherchons pas à raisonner notre respect.
» Je vous ai bien reconnu; et, pour ma petite
» part, il y a longtemps que je me suis sou-
» mis et calmé, confiant en Dieu et nulle-
» ment en moi. »

Il ne me reste plus maintenant qu'à reproduire en l'abrégeant le récit que j'ai fait il y
a bientôt vingt-huit ans, des derniers jours
et de la mort du P. Gratry. Par la grâce de

Dieu, il a été donné à mon bien-aimé frère Charles et moi d'en être les témoins, et si je l'osais dire, les auxiliaires. Nous avons pu ainsi, en lui prodiguant les soins de notre dévouement filial, commencer à nous acquitter envers lui de la dette de notre inépuisable reconnaissance.

II

Les douloureuses polémiques de 1870, et l'excessive contention d'esprit qu'elles avaient imposée au P. Gratry, avaient déjà eu pour sa santé de fàcheuses conséquences, lorsque éclata la terrible guerre avec la Prusse.

Retiré pendant l'hiver à Pau, au sein de l'honorable famille qui avait autrefois prodigué des soins affectueux à M. Ampère et à l'abbé Perreyve, il suivait avec anxiété toutes les péripéties de l'horrible drame qui couvrait la France de décombres et de sang. Chaque bataille, chaque désastre, chaque

humiliation nouvelle, retentissaient profondément dans cette âme où la préoccupation
de la grandeur et de la prospérité de la
France avait toujours tenu tant de place.

Plus que d'autres d'ailleurs, et par tempérament autant que par disposition morale,
le P. Gratry avait eu toute sa vie une horreur
particulière de la violence. La vue du sang
lui faisait physiquement mal. Que ne dut-il
donc pas souffrir pendant cette demi-année
où le sang coula véritablement à flots, le
sang de ces hommes auxquels il avait tant
de fois prêché la fraternité, et qu'il avait si
souvent, au nom de l'Evangile de Jésus-
Christ, invités à ne faire tous qu'un cœur et
qu'une âme, pour établir sur la terre le règne
de la justice !

Mais aussi par quels accents il savait relever les courages abattus ! Avec quelle miséricordieuse tendresse il compatissait aux
douleurs de tant d'êtres que les fureurs des
batailles venaient chaque jour atteindre dans
leurs plus chères affections !

Enfin, l'effroyable duel des deux peuples

était terminé; l'armistice venait d'être con-
clu ; on s'acheminait vers la paix, paix cruelle,
il est vrai, mais paix nécessaire, et qui du
moins allait mettre un terme aux hécatombes
humaines. Le P. Gratry était rentré à Paris,
comptant, après de si longs mois d'interrup-
tion, reprendre son travail, et toujours plein
d'ardeur pour cette grande œuvre de la pa-
cification du monde par la vérité et la justice
qui avait été la pensée dominante de sa vie.

Mais, quelques jours à peine après son
retour, éclatait l'ignoble révolution du 18
mars. Au moment même où on croyait avoir
épuisé la coupe des humiliations et des dé-
sastres, il fallait boire une coupe plus amère
encore, et y boire de la fange mélangée avec
du sang. Le cœur du pauvre Père fut de
nouveau brisé. Retiré à Versailles, puis en
Belgique, jusqu'au moment où l'héroïsme de
notre armée eut rendu libre l'entrée de la
capitale, il passa par une véritable agonie
morale lorsqu'il apprit les sinistres événements des derniers jours de mai, l'assassinat
des otages, les incendies de Paris, et la France

déshonorée par la plus inepte des barbaries devant ses ennemis triomphants.

Il revint cependant à Paris, et même reprit courageusement ses leçons à la Sorbonne pendant le mois de juin.

Ce fut au commencement de septembre qu'apparurent les premiers symptômes du mal qui devait nous l'enlever si rapidement, après lui avoir infligé les plus cruelles tortures. Une petite grosseur s'était formée sous la joue gauche, et semblait au commencement n'être que le gonflement anormal d'une des glandes maxillaires [1].

On lui conseilla alors d'aller passer quelques semaines à Montreux, sur les bords du lac de Genève. Il y devait faire pendant l'automne une cure de raisin, à l'aide de laquelle

1. Il écrivait le 4 septembre : « Je suis très souffrant de cette tumeur au cou. Je ne sais comment je sortirai de tout ceci. Si vous saviez toutes mes complications et peines, vous m'écririez souvent pour me consoler. Un seul point devient plus simple dans mon être : c'est la résolution du bien complet, de l'évangile entier, la substance surnaturelle de l'amour divin, remède à tous les maux du genre humain. Lisez toujours saint Jean, chapitre XVII. »

on espérait arrêter le mal dans son principe [1].
Il n'en fut rien. La tumeur grossit en quelques semaines avec une rapidité effrayante. Dès le mois de novembre, elle formait une masse compacte et dure, qui devait bientôt s'étendre jusqu'à l'épaule, peser d'un poids très lourd sur la mâchoire inférieure et le larynx, et bientôt déterminer de graves accidents. La difficulté de la mastication et de la déglutition des aliments solides fut bientôt telle qu'on dut se borner à le soutenir par des aliments liquides; et encore, fallut-il en diminuer de jour en jour la quantité, pour ne pas l'exposer à de périlleuses suffocations.

Il arriva à Montreux le 8 octobre. Le 12, il écrivait cette lettre à la fois si originale et si touchante :

« Arrivée en ce lieu depuis quatre jours. Pluie et froid. Auberges et pensions remplies. Cherté odieuse; exploitation radicale de l'étranger. Le mal local augmente toujours, et l'on n'aperçoit pas d'issue.

» Mais je m'efforce par la prière de surmonter tout cela, et de rester dans la patience et la sérénité.

» Je pense à ceux qui sont plus malades que moi, qui n'ont pas un ami, pas un morceau de pain, pas un abri, et qui sollicitent, avec un espoir incertain, leur entrée dans un hôpital.

» Courage, mon enfant! *Sursum corda!* »

18.

Si quelque accident plus terrible **ne** survenait pas, le P. Gratry était condamné à mourir d'inanition.

III

Pendant son séjour à Montreux, le P. Gratry n'avait pas cessé de travailler, autant que le lui permettait l'affaiblissement progressif de ses forces. J'ai dit plus haut qu'il avait commencé à écrire un commentaire de l'Evangile de saint Marc. Il s'y remit, mais sans pouvoir mener jusqu'au bout ce labeur dont il aurait bien pu dire, avec saint Augustin, qu'il en sentait plus le bonheur que la fatigue : *Quum amatur, non laboratur ; aut si laboratur, labor amatur.*

Les amis du P. Gratry se rappellent cet Evangile grec-latin qu'on trouvait toujours ouvert sur sa table quand on l'allait voir. Cet Evangile, criblé de notes et de coups de crayon, l'accompagnait partout. Assurément, il connaissait bien tout le recueil de nos saintes Ecritures, et l'Ancien Testament comme les écrits apostoliques; mais les Evangiles ne sortaient jamais de sa pensée. Depuis quelques années, il s'était imposé la tâche d'apprendre par cœur tous les discours de Notre-Seigneur contenus dans l'Evangile de S. Jean : *verba Verbi.*

Il s'était donc fait, chez lui, une véritable assimilation entre ses pensées et les pensées du Sauveur. Il n'y avait pas une seule question sur laquelle les idées du Verbe incarné ne lui fussent aussi présentes que les siennes propres. Tel est, selon moi, le secret de la puissance extraordinaire exercée sur les âmes par ses paroles et par ses écrits.

Mais, dans les derniers jours de sa vie, ce fut moins encore la vérité divine de l'Evangile que son infinie charité dont cette belle âme fit rayonner autour d'elle la douce et vivifiante splendeur. A mesure qu'il approchait du terme de son pèlerinage terrestre; à mesure que le progrès du mal lui rendait la parole plus difficile et le faisait entrer davantage dans le silence, la vie de la charité semblait affluer davantage au cœur. Ses lettres étaient plus que jamais empreintes de ce sentiment d'amour surnaturel pour Dieu et pour les âmes. Ses gestes eux-mêmes exprimaient surtout la suavité et la douceur intérieures où son âme s'établissait de plus en plus. Comme l'apôtre de l'amour, il en arrivait à ne presque plus dire qu'une seule chose : « Mes enfants, aimons-nous, soyons vraiment frères ; » *Filioli, diligite alterutrum.*

A l'égard de ceux qui l'avaient tant fait souffrir, pas une parole de récrimination, pas un souvenir amer. Dans les derniers jours du mois de décembre 1871 il reçut, à l'occasion de son adhésion aux décrets du concile [1], une lettre remplie des reproches les plus durs, et, pour joindre la dérision à l'injure, l'auteur envoyait avec sa lettre une image sur laquelle il avait écrit : *Votre ami.*

Voici la réponse du Père, telle que me la donne un brouillon trouvé dans ses papiers :

---

1. Cette lettre lui fut adressée de Genève. Le signataire s'intitulait *citoyen Vaudois et prêtre chrétien.*

« Monsieur, bénédiction pour malédiction.

» Sur l'image que vous m'envoyez, je lis
» ce mot de votre main : « Votre ami. »

» Eh bien ! Monsieur, j'accepte. Je ne vois
» que ce seul mot dans votre lettre, et je
» m'y tiens.

» Je vous tends ma main fraternelle, pre-
» nez-la. Si vous le faites, comme je l'es-
» père, si vous sentez la charité de Jésus-
» Christ comme je la sens, voici ce qui
» arrivera.

» Vous prendrez connaissance, en une
» heure, de mon présent et de mon passé,
» et vous aurez la joie de reconnaître que je
» suis, depuis mon enfance jusqu'aujour-
» d'hui, malgré mes misères et mes fautes,
» le serviteur et l'adorateur de la vérité
» seule. »

Dès son arrivée en Suisse, le P. Gratry
avait été accueilli par le clergé avec la plus
grande bienveillance, et tant qu'il avait eu
la force de dire la messe, Mgr Marilley, évêque de Lausanne et de Genève, lui avait permis de la dire dans un oratoire privé, atte-

nant à son appartement [1]. Cette grande consolation, du reste, lui était refusée depuis plusieurs semaines. Il eût été impossible au Père, à cause de son état de faiblesse, de se tenir debout pendant une demi-heure.

Mais, privations, souffrances, accablements, angoisses (et il en eut de très grandes pendant la période de formation de la tumeur, quand il croyait à chaque instant, surtout pendant la nuit, qu'il allait étouffer), le P. Gratry supportait tout avec une admirable fermeté d'âme. Pas de plaintes, pas de lamentations, pas de murmures. Lui que son tempérament nerveux et impressionnable avait souvent rendu trop sensible à de petites souffrances sans gravité, il nous étonnait par l'invincible patience avec

1. Quatre jours avant sa mort, le 3 février, Mgr l'évêque de Bethléem, abbé de Saint-Maurice, et quatre curés du canton de Vaud, vinrent exprès à Montreux pour exprimer au P. Gratry leurs cordiales sympathies. Je tiens à noter aussi la visite que lui fit, presque dans les dernières heures, M. Ernest Naville, de Genève, avec qui le Père avait fait intime connaissance depuis la publication des *Pensées* de Maine de Biran.

laquelle il endurait de véritables tortures. C'est une des grâces les plus visibles que Dieu lui ait faites pendant les cinq mois de son douloureux martyre, et un des grands exemples que ce bien-aimé Père nous ait laissés.

D'ailleurs, on le retrouvait toujours lui-même jusque dans les plus petits détails. On sait de quel goût exquis il était doué pour la musique [1]. Environ quinze jours avant sa

1. « J'avais appris la musique depuis l'enfance, mais
» sans beaucoup de travail, sans suite, ni grand succès.
» Cependant, à dix-sept ans, le sens musical se développa
» en moi, sous l'influence d'un profond musicien qui me fit
» connaître Urban et quelques autres artistes sérieux. Je
» buvais avec ravissement et enthousiasme non seulement
» le vigoureux nectar des anciens classiques, mais surtout
» les prodigieuses harmonies du récent Beethoven que,
» pour sa part, cette petite école s'efforçait d'introduire,
» sans s'effrayer de la clameur publique. Là, je devins tout
» à coup musicien d'esprit et de cœur. J'appris à transpo-
» ser en musique ce que je savais en littérature et en phi-
» losophie. Je vis et sentis les concordances de la musique.
» Je compris l'identité de la critique littéraire et de la cri-
» tique musicale. La musique dès cette époque, est devenue
» pour moi une compagne, une admirable et ravissante
» amie dont l'absence trop prolongée nuit d'ordinaire à
» mon travail, à mes facultés et même à ma santé. » (Sou-

mort, un musicien ambulant s'était arrêté sous ses fenêtres et avait joué je ne sais plus quelle mélodie d'un grand maître. « Ce n'est pas cela, dit le Père, c'est beaucoup trop lent, dit-il à mon frère, portez-lui cette pièce de dix sous, dites-lui qu'un grand musicien l'écoute, et demandez-lui, ou de cesser de jouer cet air, ou de le jouer plus vite. » Le Savoyard ne se le fit pas dire deux fois. La mesure fut accélérée, et le Père dit : « Bien, bien, c'est cela maintenant. »

Le mercredi 31 janvier, juste une semaine avant sa mort, il eut avec mon frère Charles une assez longue conversation qui fut rédigée presque aussitôt après. Il attendait alors son beau-frère, M. le docteur Lustreman, dans l'espérance qu'une incision pourrait être faite dans la tumeur, et que ce serait peut-être pour lui un acheminement vers la guérison.

« Si vous saviez, dit-il, dans son langage

<hr>

venirs de jeunesse, p. 99. Voir encore dans le livre des *Sources*, au chapitre intitulé *Le soir et le repos*, ce que le P. Gratry a écrit sur la musique.)

toujours si original et si saisissant, si vous
saviez ce que c'est que de sentir qu'on des-
cend continuellement, continuellement ! Je
sens cela tous les jours depuis six mois. J'é·
tais d'abord en haut de la maison, au gre-
nier. Je suis descendu dans l'appartement
de maître, puis descendu encore, et maintenant, me voici à la cave... au souterrain... au
cachot... oui, au cachot, au souterrain... au
caveau... au tombeau !

« Dans les premiers temps de ma maladie
lorsque j'ai commencé à voir la mort probable, j'ai dit à Dieu : « Je remets tout entre
» vos mains, je ne m'inquiéterai de rien. »
Mais voici que, depuis que le danger s'est
rapproché[1], depuis que je vois la mort de
plus en plus probable, je tiens davantage à
la vie, je sens un grand goût pour la vie !
C'est que, depuis quelque temps, j'ai des
idées, des idées si grandes, si pratiques, j'ai
tant d'espérances ! »

---

1. Quelques jours auparavant, de lui-même, le Père avait
demandé l'extrême-onction, qu'il avait reçue dans son fauteuil.

« Espérances générales, lui demanda mon frère, ou espérances pour vous? — Pour le genre humain, répondit-il. Oui, depuis quelque temps, je me suis fortifié à un tel degré dans mes convictions et dans mes espérances! Si j'avais seulement encore la force d'écrire ces choses! Mais cela ne fait pas qu'on guérisse, » ajouta-t-il de lui-même.

« Et les vertus chrétiennes! Je vois tant de choses! La chasteté, par exemple, combien elle est nécessaire! Je vois le type du vrai prêtre, de trente à cinquante ans, le sel de la terre (ici quelques mots que mon frère ne put saisir, car le pauvre Père parlait fort difficilement). C'est à partir de soixante ans que j'ai eu le plus d'idées. »

Pendant cet entretien, le Père n'avait pas cessé d'avoir la physionomie la plus calme.

Presque immédiatement après, il demanda à me voir. J'allai donc remplacer mon frère auprès de lui. Il s'était fait lire dans le journal de la veille les détails concernant la patriotique entreprise de la souscription nationale pour la délivrance du territoire. Il m'en parla et me demanda si je croyais qu'elle réussirait.

Puis, après quelques instants de silence, il m'adressa cette question :

« Ne serait-ce pas le moment de faire une » trouée? »

Craignant qu'il ne fût revenu à la pensée de demander une incision dans sa tumeur, et sachant que cette incision était impraticable, je ne voulus pas répondre trop vite pour ne pas le fortifier dans une espérance qui serait devenue une déception.

— Où cela, mon Père, lui dis-je, faire une trouée ?

» — Mais, reprit-il vivement, dans son » capital, afin de hâter la marche de cette » souscription, car il faut qu'elle réussisse. »

Je fus ému jusqu'aux larmes. Ce grand citoyen, ce noble cœur oubliait entièrement son horrible martyre pour ne penser qu'à la mutilation de la patrie et aux moyens de la relever !

Le jeudi 1er février, le Père se leva à cinq heures du matin, prit du papier, un crayon, et écrivit quelques lignes sur un grand cahier. Il fut préoccupé toute cette journée d'une question de politique sacrée ; car, nous ayant fait monter auprès de lui, Charles et moi, il nous fit chercher dans la Bible l'histoire de Jéroboam qui, scindant en deux le peuple de Dieu, s'était emparé du pouvoir sans consulter la nation, avait installé officiellement à Dan et à Béthel le culte des veaux d'or, empêchant ainsi les tribus d'Israël de se rendre à Jérusalem et de retrouver, par l'unité religieuse, le chemin de l'unité politique. Il écouta fort attentivement la lecture de ce passage que je lui lus dans le texte latin. La lecture achevée, il nous recommanda d'y réfléchir pour lui en dire nos pensées le lendemain.

Le lendemain, en effet, malgré une nuit agitée, et dans laquelle il y avait eu un commencement de délire, il revint sur cette question et se fit faire une seconde lecture du même chapitre. Après quoi il nous dit :

— Ecrivez.

Je pris du papier et un crayon, tandis que

Charles se tenait le plus près possible de sa bouche pour ne rien perdre de ce qu'il allait dire.

Le Père dicta alors, sans hésitation, les phrases qui suivent :

« Tous les hommes sont frères, mais absolument frères, parce qu'ils sont tous rois et tous dieux : première vérité.

» Deuxième vérité. Ils deviennent bientôt pour la plupart, Caïns, fils du diable, Satans, ennemis des hommes et de Dieu, sans liberté et incapables de liberté.

» Mais ils retrouvent la liberté royale et la divinité par l'adoption en Jésus-Christ.

» Comment cela peut-il se faire ?

» Par un unique moyen. C'est qu'un homme peut mourir pour les siens, un roi peut mourir pour un peuple, et le dernier des mystères de la vie éternelle c'est qu'un Dieu peut mourir pour un Dieu. »

Cette dictée achevée, il indiqua par un mot deux versets de l'Evangile de saint Jean qu'il me fit écrire à la suite des phrases précédentes :

Propterea me diligit Pater, quia ego pono animam meam, ut iterum sumam eam.

Nemo tollit eam a me; sed pono eam a me ipso, et potestatem habeo iterum sumendi eam. Hoc mandatum accepi a Patre meo. (Joan., x, 17, 18.)

Ce 2 février était la fête de la Purification de la sainte Vierge. Nous aurions bien désiré pouvoir, à cette occasion, apporter encore une fois la sainte communion à notre cher malade. Je lui en dis quelques mots; il craignit ne pouvoir avaler la sainte hostie, et, par respect pour le sacrement, il dut se priver de cette grande consolation.

D'heure en heure la faiblesse augmentait et, avec elle, la presque impossibilité d'avaler même quelques cuillerées de liquide. Nous marchions rapidement vers la fin.

Tout le reste de ce jour (2 février), il fut très agité, se levant, se couchant, se relevant, parfois voulant ôter ses vêtements, et répétant à plusieurs reprises cette parole qui est si souvent un symptôme de mort prochaine : « Je veux m'en aller. »

Dans la crainte que cette agitation n'augmentât pendant la nuit, on fit le soir dans la tumeur une injection de morphine, et le malade fut pris d'un sommeil très lourd qui dura jusqu'au matin.

Néanmoins, le samedi 3, toujours fidèle à ses habitudes de travail, il se leva à six heures, prit son grand cahier, essaya d'écrire. Mais il put à peine tracer quelques mots presque illisibles, et ce fut sa sœur qui, devinant une pensée qu'il n'avait plus la force d'exprimer, écrivit sur ce cahier le mot qui la complétait.

Il nous fit cependant monter près de lui, Charles et moi. A peine nous eut-il vus, et quand nous l'eûmes embrassé : « Vite au travail, » nous dit-il. Je lui répondis : « Oui, mon bon père, au travail, pour que le règne de Notre-Seigneur arrive et pour que les hommes deviennent meilleurs. » Un doux sourire illumina son visage.

Nous nous demandions si cette préoccupation de travail n'était pas une simple agitation fébrile, ou si elle allait se rattacher aux pensées qu'il avait dictées la veille.

Il demanda qu'on lui relût les phrases précédemment citées. Après quoi, il me dit : « Ajoutez : » Et Dieu peut mourir « pour ce qu'il aime. »

« *Ce* au neutre, » dit-il, parce qu'il s'était aperçu qu'en relisant tout haut cette phrase, j'avais prononcé *ceux*.

Le sommeil le reprit ; puis il se réveilla de nouveau au bout de quelque temps pour dire à la personne qui se trouvait alors près de lui : « La France ! la France ! »

— Mon père, lui fut-il répondu : « La » France ne périra pas ; elle a de trop bons » serviteurs. » Il fit un geste qui exprimait combien il était touché de cette pensée et de cette espérance.

Le dimanche, on voulut lui persuader de prendre une cuillerée de bouillon. Il répondit distinctement : « Jamais, » puis leva la main et montra le ciel. A partir de ce moment il cessa en effet de prendre aucune nourriture.

Le même jour, dans l'après-midi, son beau-frère, M. le docteur Lustreman, et son neveu arrivèrent de Paris. Il les reçut très affectueusement; mais il était si affaibli qu'il n'exprima pas ce désir d'une opération dont il avait paru préoccupé les jours précédents.

Quand j'entrai dans sa chambre, le lundi matin 5, voyant qu'il ne pouvait plus parler, et que le dénoûment ne pouvait être très éloigné, je lui proposai de réciter quelques prières tout haut, de prononcer en son nom l'acte de contrition, de lui donner l'absolution, enfin de lui appliquer l'indulgence plénière, en lui faisant baiser un crucifix que j'avais porté avec moi dans la campagne des Ardennes, et qui avait déjà été la consolation de tant de mourants. Il me témoigna par signes qu'il adhérait à tout, et baisa pieusement la croix. Ses yeux étaient fermés. Après quelque temps, je vis qu'il cherchait, en tendant les mains, à savoir s'il y avait quelqu'un près de lui. « Mon père, lui dis-je alors, vous savez bien que vos enfants sont autour de vous. » Je vis qu'il m'avait compris, car de sa main droite il me caressa tendrement la figure. J'ajoutai alors : « Mon cher père, c'est vous qui m'avez appelé au service de Dieu; c'est à vous, après lui, que je dois ma vocation. Vous souvenez-vous, lorsqu'il y a vingt-cinq ans, à l'Ecole normale, vous me répétiez si souvent la parole du Sauveur dans l'Evangile : *Amice, ascende superius?* » Il me serra la main, pour me montrer qu'il entendait et comprenait. Alors je m'agenouillai et lui dis : « Mon bon père, bénissez-moi, et Charles aussi. » Et il posa sa main sur ma tête.

J'ai partagé en esprit cette précieuse bénédiction avec tous ceux de ses enfants spirituels et de ses amis qui devaient m'envier le bonheur de l'avoir reçue. Pour moi, elle était comme la divine conclusion de la mission que ce bien-aimé père avait remplie depuis longtemps à mon égard. C'est lui dont la parole ardente avait soulevé mon âme au-dessus des étroits horizons de la vie présente, pour la jeter dans le dévouement absolu de la consécration sacerdotale. Cette main, qui venait de me bénir en cette heure solennelle, était celle sur laquelle ma jeunesse s'était appuyée ; et, en retour, ma main consacrée s'était levée sur lui, pour lui pardonner encore une fois au nom de Dieu vivant, et enrichir son âme de tous les trésors de l'infinie miséricorde. Puis-je oublier que, il y a sept ans, quelques jours avant la mort d'Henri Perreyve, nous nous étions également bénis l'un l'autre, et promis de ne pas cesser de travailler ensemble pour Dieu et pour l'Eglise ?

Depuis l'après-midi du lundi jusqu'au mercredi, ce fut l'agonie, mais sans souffrances apparentes ; la respiration devenait de plus en plus embarrassée, mais le visage ne cessa pas d'être très calme. M. le docteur Lustreman et mon frère le veillèrent dans la nuit du lundi au mardi. J'eus pour partage de le veiller avec son neveu dans la nuit du mardi au mercredi.

Ce fut la dernière.

Je n'essaierai pas de redire ici les impressions de cette veille solennelle.

Je ne pouvais plus rendre d'autre service

au Père que d'humecter de temps en temps
ses lèvres desséchées avec un pinceau trempé
dans de l'eau. Déjà, depuis la veille, il n'é-
tait plus possible de lui faire avaler une seule
goutte de liquide. La vie se consumait rapidement et allait bientôt s'éteindre. Cette
respiration bruyante et cadencée, seul bruit
dans le silence de la nuit, rappelait ces ba-
lanciers de nos grandes cathédrales qui, en
mesurant seconde par seconde chaque par-
celle du temps emportée dans le gouffre du
passé, avertissent l'âme que l'éternité approche.

La mort était là, attendant sa proie ; la
mort, que le maître avait si justement appelée « le procédé principal de la vie, appor-
» tant les données nouvelles, étant l'opé-
» ration qui, si elle n'est pas misérablement
» faite à contre-sens, transporte en Dieu et
» réalise cette étonnante parole : sortir de
» soi pour entrer dans l'infini de Dieu [1] ! »

Quand, par un beau soir d'été, sur le bord
de la mer, on voit le soleil descendre lente-

1. *Connaissance de l'âme*, t. II, Épilogue.

ment à l'horizon, il vient un moment où le globe de feu s'enfonce dans les flots et semble s'y éteindre. Il n'y a là cependant qu'une apparence. Le soleil ne s'éteint pas ; il continue sa course radieuse et va éclairer d'autres mondes.

C'est sous cette image que, bien des fois, pendant ces dernières heures, m'apparaissait cette lente et douce agonie. Cette âme, « toute faite de lumière et de paix [1], » il semblait qu'elle allait s'éteindre pour nous ; et toutefois elle allait devenir plus lumineuse et entrer dans le monde des clartés immortelles. « Ceux qui enseignent la justice à » plusieurs, dit le prophète Daniel, brille- » ront comme des étoiles pendant des éterni- » tés sans fin. *Qui ad justitiam erudiunt » plurimos, quasi stellæ in perpetuas æterni- » tates* » (Dan., XII, 3). Dans combien d'âmes d'ici-bas le P. Gratry n'a-t-il pas allumé l'amour de la justice ! Ce sont comme autant d'éblouissantes lumières qui formeront sa couronne pour l'éternité.

1. Ce mot exquis est de M. Léopold de Gaillard.

Vers dix heures et demie du matin, le 7 février, nous étions tous dans sa chambre. Le moment solennel approchait [1]. Sa sœur était tout près de lui. Les respirations devenaient plus saccadées et plus courtes. Tout d'un coup, une grande pâleur envahit le visage du mourant. Je me glissai dans la ruelle du lit ; une dernière fois, je lui donnai l'absolution au nom de ce Jésus qu'il avait tant aimé, au nom de cette Eglise qu'il avait si vaillamment servie, et à laquelle il laissait, comme dernier gage de fidélité, l'édification de la plus tendre et de la plus filiale obéissance.

Il était onze heures et quart du matin, lorsqu'au milieu des larmes de tous les siens,

---

1. Un peu avant ce moment, la Bible à la main, je lisais le deuxième livre des Machabées. On pense avec quelle émotion, en face de cette agonie, se sont soulignés pour moi ces deux textes : *Erat magni sacerdotis in agone constituti exspectatio* (III, 21). *Hic est fratrum amator, et populi Israel. Hic est qui multum orat pro populo et universa sancta civitate* (xv, 14).

Oh ! oui, celui-là a bien aimé ses frères et l'universelle cité du genre humain ! Et c'est pour elle qu'il prie maintenant.

et d'une voix entrecoupée par les sanglots, je récitai la belle prière *Subvenite*, suivie du *De profundis*.

Le P. Gratry était aux pieds du Sauveur Jésus ; il venait de naître à la vie éternelle.

IV

En 1873, le jour de Pâques, au premier anniversaire de la mort du P. Gratry, je disais la sainte messe pour lui dans cette chapelle des Religieuses de la Retraite où il avait si souvent commenté l'Evangile.

J'y prononçai une allocution à laquelle j'ai déjà fait quelques emprunts dans le cours de ce livre. J'en extrais ces pages qui en feront la conclusion. Aujourd'hui, plus encore peut-être qu'il y a vingt-huit ans, je me sens pénétré à fond des sentiments que j'y exprimais, moins en mon nom qu'en celui de l'absent dont je saluais la mémoire :

« Mon père et mon maître bien-aimé, je

» ne vous vois plus ! Mais mon âme a bien
» souvent senti la vôtre et la vôtre a plus
» d'une fois touché la mienne.

» Et, en ce moment, il me semble que
» vous êtes si près de nous, si près de ces
» âmes qui vous aiment et qui sont venues
» prier pour vous !

» O mon père, que ma faible voix ne soit
» qu'un écho de la vôtre !

» Moi aussi, en votre nom, je veux exhor-
» ter ces âmes. Je veux leur rappeler ce mot
» qui, passant du cœur de Jésus-Christ dans
» votre cœur et de votre cœur dans le mien,
» m'a fait prêtre pour annoncer aux hommes
» l'Evangile de la divine lumière et de la
» divine compassion, *amice, ascende supe-*
» *rius.*

» Mes amis, mes frères, voulez-vous ho-
» norer vraiment la mémoire du père que
» nous pleurons ?

» Eh bien ! je vous demande de monter
» plus haut.

» Vous, âmes consacrées à Jésus-Christ,
» qui avez embrassé la vie parfaite et foulé

» aux pieds le monde pour vous ensevelir
» dans le sépulcre fécond de la mort volon-
» taire, montez plus haut encore ; allez à des
» vertus plus complètes, à des audaces plus
» décisives, pour entreprendre par la prière
» et par le zèle, la conversion de l'huma-
» nité.

» Vous, que vos devoirs retiennent dans
» le monde, vivez-y davantage de l'esprit
» de l'Evangile ; dégagez-vous de tant de
» servitudes qui oppriment et étouffent en
» vous les meilleures inspirations de la grâce.
» Soyez le sel de cette terre affadie avec la-
» quelle vous êtes en contact quotidien ;
» soyez, par vos œuvres, la lumière de cette
» société si souvent ténébreuse et obligez-la
» à glorifier votre Père céleste !

» Vous qui êtes riches, faites de votre or
» un emploi plus évangélique, au lieu de le
» jeter en proie à ces passions et à ces sot-
» tises que notre ami comparaît si éloquem-
» ment aux faux-dieux du paganisme anti-
» que !

» Vous, femmes chrétiennes, multipliez

» par le dévouement ces admirables res-
» sources de cœur que Dieu vous a données.

» Allez essuyer les yeux qui pleurent,
» consoler les âmes qui gémissent et se dé-
» sespèrent et prouver qu'il y a un Dieu bon,
» en vous constituant la Providence de tous
» ceux qui souffrent.

» Vous, chers jeunes gens qui êtes à l'au-
» rore de votre vie, dans la splendeur de
» vos vingt ans, accomplissez sur vous ce
» travail que le Père a si admirablement dé-
» crit en parlant d'Henri Perreyve, je veux
» dire la transformation du courage et de
» l'amour, la transfiguration évangélique de
» la volonté et du cœur.

» Ne vous laissez pas rétrécir et étouffer
» par les préoccupations stériles de l'ambi-
» tion et de la cupidité. Ne dispersez pas
» dans les joies fausses qui mènent si vite
» aux irréprochables tristesses, ces forces
» principales de la vie qu'il faut appliquer
» aux progrès du royaume de Dieu.

» Ayez ces grands élans d'âme que, par
» une dialectique encore meilleure que celle

» de Platon, le Père nous persuadait de trans-
» porter du monde idéal de la philosophie
» au monde pratique des efforts personnels et
» des sérieuses vertus. Ecoutez en cet ins-
» tant la voix de votre invisible ami qui vous
» crie de monter plus haut. *Amice, ascende*
» *superius.*

» Puis à tous, à vous comme à moi, je
» veux redire ces paroles que je trouve à
» la fin du livre sur Henri Perreyve :

» O amis, efforçons-nous par la prière, par
» le recueillement, par la vraie vie du fond
» de l'âme, d'apprendre à vivre avec ceux
» qui sont dans le ciel, dans ce monde où
» l'on est ensemble ! Devenons grands dans
» notre humilité, en prenant le grand cœur,
» les grandes pensées, des glorieux aînés qui
» sont morts ou, pour mieux dire, prenons
» le cœur de Dieu et les pensées de Dieu
» qui seul est tout en tous ».

Autun, en la fête de S. Jean l'Evangéliste,
27 décembre 1899.

APPENDICE

——

LE CURRICULUM VITÆ

Alphonse Gratry est né à Lille le 30 mars 1805. Son père était employé dans les services administratifs des intendances militaires. Sa mère avait dix-sept ans quand elle le mit au monde.

Dans une homélie prêchée à Paris, le vendredi saint de l'année 1866, le P. Gratry avait parlé d'elle en ces termes :

« Quand j'étais enfant, ma mère me disait, en
» me montrant de pauvres mendiants : pense, Al-
» phonse, ce que ce serait si cette pauvre femme,
» c'était moi ; si ce pauvre enfant, c'était toi. »
« Elle m'apprenait ainsi, ajoutait le P. Gratry, à

» me mettre à la place de ceux qui pleurent. » — Une telle éducation a porté ses fruits.

Il fit ses études classiques, partie à la maison paternelle dans la ville de Tours, où son père avait été appelé à résider par son service, partie au collège de cette ville dont il suivait les classes comme externe.

En 1821, ayant seize ans, il fut envoyé dans une pension de Paris qui conduisait ses élèves au collège Henri IV. Il y fit sa seconde, deux années de rhétorique et sa philosophie. A la fin de sa première année de rhétorique (1822) il eut le second prix d'honneur au concours général et en 1824, à la fin de son année de philosophie, il remporta le premier prix de dissertation française et le second prix de dissertation latine.

Au mois d'octobre 1824, Alphonse Gratry entra dans la classe de mathématiques spéciales pour se préparer à l'Ecole polytechnique, où il fut reçu en 1825. Il y demeura deux ans. Après avoir donné sa démission, il se rendit à Strasbourg, auprès de M. l'abbé Bautain.

Durant les années qui suivirent, l'abbé Gratry fit ses études de théologie, reçut les Saints Ordres, et enseigna successivement au petit séminaire de Strasbourg et dans le pensionnat géré par **M.**

l'abbé Bautain et par les membres de sa société. En 1840, l'abbé Gratry fut appelé à la direction du collège Stanislas. Il fut nommé aumônier de l'Ecole Normale en 1846, et y resta jusqu'à sa démission, donnée au mois de juillet 1851.

De 1851 à 1852, il résida auprès de Mgr Dupanloup, à l'Evêché d'Orléans, avec le titre de vicaire général honoraire. L'Oratoire de France fut reconstitué au mois d'août 1852. Le P. Gratry fit partie de la Communauté jusqu'en 1861, époque à laquelle il fut autorisé par le cardinal Morlot à avoir un appartement en ville (rue Barbet de Jouy).

En 1863, il avait été nommé professeur de théologie morale à la Sorbonne.

Elu membre de l'Académie française le 2 mai 1867 comme successeur de M. de Barante, il fut reçu le 26 mars 1868 par M. Vitet, directeur.

Pendant la guerre de 1870, il passa quelque temps en Belgique, puis à Pau. Il revint à Paris au mois de mai 1871; au mois d'octobre, il allait s'installer à Montreux. Il y est mort le 7 février 1872.

BIBLIOGRAPHIE

DES ŒUVRES DU P. GRATRY

I. — 1848. *Catéchisme social ou demandes et réponses sur les devoirs sociaux*, in-32 de 110 pages. Paris, chez Gaume.

II. — 1851. *Une étude sur la Sophistique contemporaine, ou Lettre à M. Vacherot.* Un volume in-8°, Paris, chez Douniol

III. — 1853. *De la Connaissance de Dieu*, deux volumes in-12, Paris, Douniol

IV. — 1855. *Logique*, deux volumes in-8° (Mêmes libraires). Une traduction allemande de la Logique sous le titre de « *Connaissance de l'homme étudié dans sa faculté de penser* » fut publiée à Ratisbonne en 1859, par trois professeurs du Lycée d'Eichstatt, MM. Conrad Joseph Pfahler. Joseph

20

Weizenhofer et Michel Lefflad. Deux volumes in-8°, Ratisbonne, chez Joseph Manz.

V. — 1858. *De la Connaissance de l'âme.* Deux volumes in-12.

Les mêmes professeurs d'Eichstatt ont traduit en 1859 : *De la Connaissance de l'âme (Erkeuntniz der seele).* Deux volumes in-8°, Ratisbonne, chez Joseph Manz.

VI. — 1859. *Le mois de Marie de l'Immaculée Conception.* Un volume in-18.

La traduction anglaise est précédée d'une introduction par le P. Faber, de l'Oratoire de Londres.

VII. — *La Paix*, un volume in-8°.

VIII. — 1861. *La Philosophie du Credo*, un vol. in-8°.

Au moment où s'impriment ces dernières pages de mon livre, je retrouve dans les papiers du P. Gratry la note suivante :

« Ce présent manuscrit, cet exemplaire même, est un
» bien précieux souvenir, car c'est celui que j'ai envoyé
» au général Lamoricière, alors à Bruxelles, en réponse
» à la lettre où il me demandait : Qu'est-ce que la re-
» ligion catholique? Qu'est-ce que la Théologie? Ce ma-
» nuscrit a donc été pendant deux mois entre les mains
» de cet homme héroïque, l'homme le plus courageux
» de ce siècle et un des plus intelligents. Il l'a lu et relu :
» il en a discuté toutes les pages avec l'admirable P.
» Dechamps pendant environ vingt séances de deux et
» trois heures. Le P. Dechamps ne savait pas assez faire
» l'éloge de la ténacité et de la loyauté intellectuelle du
» général ; après une étude opiniâtre, le général a déclaré
» enfin qu'il était convaincu, qu'il était chrétien catholi-

» que, et acceptait toutes les conséquences pratiques de la
» foi. Il est juste qu'après moi, le cahier soit remis au
» général, s'il revient d'Italie ou à madame de Lamori-
» cière, ou à sa fille aînée.

» Qu'ils soient bénis ! Je les bénis du fond de mon
» âme. »

Paris, le 24 septembre 1860.

A. GRATRY.

IX. — 1862. *Les Sources*, conseils pour la conduite de l'esprit ; extrait de *la Logique*, un petit
volume in-32.

A la seconde édition (1864) est joint un discours sur
le devoir intellectuel des chrétiens au xixe siècle et sur
la mission des prêtres de l'Oratoire.

X. — 1862. *Les Sources* (2e partie), *ou le premier
et le dernier livre de la science du devoir.*

XI. — 1863. *Commentaire sur l'Evang le de S. Mathieu*, deux volumes in-8°.

XII. — 1863. *Crise de la foi* (Trois conférences
de Saint-Etienne-du-Mont), un vol. in-18.

XIII. — 1864. *Les Sophistes et la Critique*, un vol.
in-8°

XIV. — 1864. *Jésus-Christ.* Réponse à M. Renan.
(Extrait des *Sophistes et la Critique*). Petit vol. in-18.

XV. — 1864. *Petit manuel de Critique* (Extrait des
Sophistes et la Critique), petit volume in-18

XVI. — 1866. *Henri Perreyve*, un volume in-12.

XVII. — 1868. *Discours de réception à l'Académie française.*

Outre l'édition officielle de l'Institut, grand in-4°, il y a une édition in-8°. Paris, Librairie académique, Didier et Cie, quai des Augustins.

XVIII. — 1868. *La Morale et la Loi de l'Histoire,* deux volumes in-8°

XIX. — 1869. *Lettres sur la religion,* un vol. in 8°

XX. — 1871. *Les Sources de la Régénération sociale.* Réimpression, avec quelques modifications, du *Catéchisme social,* publié en 1848.

ŒUVRES POSTHUMES

XXI. —1874. *Souvenirs de ma jeunesse,* un volume in-12

J'ai fait réimprimer ces « Souvenirs » en tête de la notice publiée par moi en 1872 sous ce titre : « Les derniers jours et le testament spirituel du P. Gratry, » dont la cinquième édition a paru en 1897.

XXII. — *Méditations inédites,* un vol. in-12.

TABLE DES MATIERES

ANCIENNE MAISON CH. DOUNIOL

P. TÉQUI, LIB.-ÉDITEUR

29, rue de Tournon, Paris.

OUVRAGES DE M. L'ABBÉ H. PERREYVE

CHANOINE HONORAIRE D'ORLÉANS, PROFES. A LA SORBONNE

Lettres du R. P. Lacordaire à des jeunes gens, recueillies et publiées par l'abbé H. PERREYVE, augmentées de lettres inédites et des approbations de NN. SS. les archevêques et évêques. 1 volume in-12, 11ᵉ édition. . . . . 4 »

La Journée des malades. Réflexions et prières pour le temps de la maladie, avec une introduction par le R. P. PÉTÉTOT, supérieur de l'Oratoire de l'Immaculée-Conception. 1 vol. in-12, 9ᵉ édition revue et augmentée. 3 50

Biographies et Panégyriques. *Biographies* : Le R. P. Lacordaire. — Herman de Joulfroy. — Rosa Ferrucci. — Mgr Baudry. — *Panégyriques :* Saint Thomas d'Aquin. — Saint Louis. — Sainte Clotilde. Jeanne d'Arc. 1 beau vol. in-12, 2ᵉ édition . 3 50

Lettres de l'Abbé Henri Perreyve (1850-1865), 6ᵉ édition, augmentée de plusieurs lettres, avec une lettre de Mgr l'évêque d'Orléans, et le portrait de l'Abbé Perreyve. 1 vol. in-12. . . . . . . 4 »

Lettre de Henri Perreyve à un ami d'enfance (1847-1865). 1 vol. in-12, 6ᵉ édition. . . . . 4 »

Méditations sur le Chemin de la Croix, 11ᵉ édition. 1 vol. in-18. . . . . 1 50

Pensées choisies, extraites de ses œuvres et précédées d'une introduction par le cardinal PERRAUD, évêque d'Autun, membre de l'Académie française. 1 vol. in-18. . . . . 1 50

Etudes historiques (Œuvres posthumes). Leçons et fragments du cours d'histoire ecclésiastique. 1 vol. in-18 . . . . 4 »

Sermons. Sermons inédits. — Une station à la Sorbonne. 1 vol. in-12. . . . . 3 50

Méditations sur les saints Ordres (Œuvres posthumes.) 1 vol. in-18. . . . . 1 50

Souvenirs de première communion. In-24. . 1 »

Méditations sur l'Evangile de saint Jean. In-24. . . . . 1 »

OUVRAGES DE Mgr DUPANLOUP

De l'Education. 3 vol. in-12. . . . . 10 50
Tome Ier. De l'Education en général. — Tome II. De l'Autorité et du Respect dans l'éducation. — Tome III. — Les hommes d'éducation.

De la Souveraineté pontificale. 3e édition. 1 vol. in-12. . . . . 3 »

Avertissement à la jeunesse et aux pères de famille sur les attaques dirigées contre la Religion par quelques écrivains de nos jours. 6e édition. 1 vol. in-18 . . . . 1 »

Conseils aux jeunes gens, sur l'étude de l'Histoire. In-12. . . . . 3 »

Le Mariage chrétien. 1 vol. in-16, en caractères elzéviriens, encadré de vignettes . . . . . 4 »

L'Enfant. 1 vol. in-16, en caractères elzéviriens, encadré de vignettes . . . . 4 »

La Femme studieuse. 1 vol. in-16, en caractères elzéviriens, encadré de vignettes . . . . . 4 »

Lettres sur l'éducation des filles, et sur les études qui conviennent aux femmes dans le monde. 1 vol. in-12. . . . . 4 »

Conférences aux femmes chrétiennes. 1 vol. in-12. . . . . 4 »

Lettres choisies. 2. vol. in-8°. . . . . 10 »

PARIS. — IMP. TÉQUI, 92, RUE DE VAUGIRARD.